令和5年度学力検査［第Ⅰ期］

国語

（45分）

岡山県公立高等学校

受検上の注意

1 「始めなさい。」の指示があるまで、問題を見てはいけません。

2 解答用紙は、この表紙の裏面です。

3 指示があったら、解答用紙と問題用紙を全部調べなさい。問題用紙は1ページから11ページにわたって印刷してあります。もし、ページが足りなかったり、やぶれていたり、印刷のわるいところがあったりした場合は、手をあげて監督の先生に言いなさい。そのあと、指示に従って解答用紙に受検番号、志願校名を書き入れてから始めなさい。

4 解答用紙の定められたところに、記号、数、式、ことば、文章などを書き入れて答えるようになっていますから、よく注意して、答えを書くところや書き方をまちがえないようにしなさい。

5 答えが解答欄の外にはみ出したり、アかイかよくわからない記号を書いたりすると、誤答として採点されることがあります。

6 解答用紙に印刷してある［　］や［※］には、なにも書いてはいけません。

7 メモなどには、問題用紙の余白を利用しなさい。

8 「やめなさい。」の指示があったら、すぐに書くのをやめ、解答用紙を机の上に広げて置きなさい。問題用紙は持ち帰りなさい。

9 解答用紙は、検査室からいっさい持ち出してはいけません。

解答用紙

受検番号
(算用数字)
志願校

注意　字数が指定されている設問では、「、」や「。」も一ます使いなさい。

1

(1)ⓑ	(1)ⓖ	(1)ⓔ	(1)ⓕ	(2)	(3)	(4)	(5)	(6)
	いた		てて					

2

(1)	(2)	(3)X	(3)Y	(4)

※

※70点満点
（配点非公表）

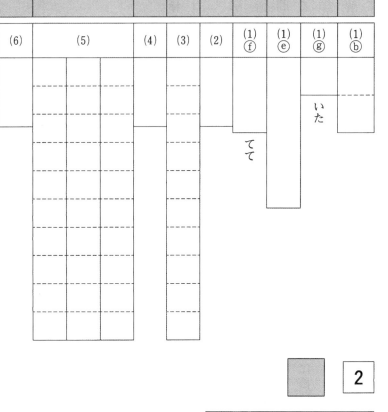

問題は、次のページから始まります。

1

次の文章は、中学校二年生で図書委員の「あたし」が、放課後、学校の図書室のカウンターにいる場面です。一年生の時に同じクラスで、図書室では見かけたことのなかった「三崎さん」が、休み時間のたびに図書室に来るようになったので、意外に思った「あたし」は、最近「三崎さん」の様子をよく観察していました。これを読んで、(1)～(6)に答えなさい。

お詫び
著作権上の都合により、文章は掲載しておりません。
ご不便をおかけし、誠に申し訳ございません。
教英出版

（出典　相沢沙呼「教室に並んだ背表紙」）

（注）　ブッカーがけ――本に透明な保護フィルムを貼る作業。

ラノベ――ライトノベル（小説のジャンルの一つ）の略称。

『おすすめおしえてノート』――「あたし」が通う学校の図書室に置いてあるノート。読みたい本の条件を書いてリクエストすると、それを読んだ先生や生徒が、条件に合った本について書き込んでくれる。

装幀――本の表紙やデザイン。

(1)　――の部分ⓑ、ⓖを漢字に直して楷書で書きなさい。また、――の部分ⓔ、ⓕの漢字の読みを書きなさい。

(2)　ⓐ「ちらちらと……向けていた」とありますが、このときの「あたし」の心情を説明したものとして最も適当なのは、**ア**〜**エ**のうちではどれですか。一つ答えなさい。

ア　間宮さんは仲が良い図書委員の友人の一人なので、いつもどおり本について語り合うのを楽しみにしている。

イ　間宮さんに話しかけたいが、彼女の読んでいる本の内容がわからないので、行動に移すのをためらっている。

ウ　間宮さんの読んでいる本がカバーで隠されているので、タイトルを知って自分も読んでみたいと望んでいる。

エ　間宮さんが当番だったのに、彼女は読書に夢中なので、早く図書委員の仕事に戻ってほしいとあせっている。

(3)　ⓒ「思わず呟いてしまう」とありますが、その理由を説明した次の文の［　　］に入れるのに適当なことばを、十字以内で書きなさい。

三崎さんが手にしているものは［　　］だと気づき、動揺したから。

(4)　ⓓ に入れることばとして最も適当なのは、**ア**〜**エ**のうちではどれですか。一つ答えなさい。

ア　眉間に皺《しわ》を寄せて　　**イ**　耳を澄まして　　**ウ**　眼《め》に物言わせて　　**エ**　鼻を明かして

(5)　ⓗ「どきどき、していた」とありますが、この場面の「あたし」の心情を説明した次の文の［　　］に入れるのに適当なことばを、三十字以内で書きなさい。

勇気を出して話しかけたことに緊張を覚えつつも、三崎さんがほほえんでくれたように見えたため、［　　］ことへの期待が膨らんでいる。

(6　この文章の表現の特徴について説明したものとして最も適当なのは、ア～エのうちではどれですか。一つ答えなさい。

ア　「ブッカーがけの作業を手伝っていた」という表現は、あたしから見た他の図書委員の様子を描くことで、図書委員同士が互いを思いやっていることを浮き彫りにしている。

イ　「こういうときに限って、しおり先生の姿はまだ見えない」という表現は、先生の行動を強調することばを使うことで、あたしが常に抱いている先生への不満を示している。

ウ　「不思議そうな顔をした」、「恥ずかしかったのかもしれない」という表現は、あたしだけではなく三崎さんの視点からも様子や心情を描くことで、物語を重層的にしている。

エ　「えっと、その、あれ」、「えっと、うん」という表現は、指示語や短い応答のことばを連続して使用することで、あたしと三崎さんの会話や関係のぎこちなさを表している。

2　次の文章Ⅰは清《せい》少《しょう》納《な》言《ごん》の随筆『枕《まくらの》草子《そうし》』の冒頭であり、文章Ⅱは文章Ⅰに触れながら『枕草子』について解説したものです。これを読んで、(1)〜(4)に答えなさい。

Ⅰ

春は曙《あけぼの》。Aやうやう白くなりゆくB山ぎは、すこしCあかりて、紫だちDたる雲のほそくEたなびきたる。

Ⅱ

『源氏物語』の登場人物がよく「泣く」のに対して、『枕草子』の人物はよく笑う。使用度数は、数をかぞえて見ればすぐわかることで、「泣く」に対して「笑ふ」が十倍を越す優位を占める。（中略）

『枕草子』の好んだ「笑ふ」が、必ず仲間を伴うものであることは、この際注意しておいてよい。ひとり笑いという、傍《はた》には気味の悪い笑いも世にはあるが、『枕草子』における笑いは、そのような無気味なものでなく、すべて仲間と顔を見合わせての笑いである。『源氏物語』は「あはれ」の文学、『枕草子』は「をかし」の文学、と評されて来たが、それは言い換えれば、「ひとりの文学」と「みんなの文学」でもあるであろう。「あはれ」は一つのことに感じて、そこから思いが他へひろがり、一段深々と感じる時の、持続的な情緒である。「をかし」の陽に対して［ⓐ］、と言うことと、持続的な情緒、と言うこととは同じことを指すものであろう。だから「あはれ」に対して陽と評される「をかし」は、非持続的な感情だと評してよいはずである。笑うことで解放されるような感情を基調とする文学は、しんみりと、余韻となって漂うものを見つづけようとするような作品ではない。ⓑ『枕草子』が、『源氏物語』のごとき長編でなくて、短小な章段を集めた随筆の形で作品となったのも、理由のあることであったと諒解《りょうかい》される。（中略）

宮仕え女房《にょうぼう》集団のリーダー格として振舞《ふるま》ったのが清少納言であって、その述作は、散文作者の孤独な文章行為の軌跡と見るべきではなくて、仲間のみんなに支えられた文章行為の軌跡と見るべきものだと思われる。『枕草子』開巻第一段の、その書き出しの、

　春は曙。

という文からして、そもそも仲間の支えを奥に読みとるべき文だと思われる。この文は、

　春は曙をかし。

という文の、述語「をかし」を省略した文、と説かれて来た。清少納言がこの文で表そうとした内容を理解するだけでよいのなら、この見解は正当であろう。けれども、このような構造の文が、いきなり生み出された、その事情までを理解しようとする時は、これはむしろ、

　をかしきもの　春は曙。

という、主題の省略と見なおす方がよいように思われる。どちらにしても結果としては同じようなものであるけれども、主題省略文の方は、そういう主題を目下の共通の話題にしている、ということを諒解しあった、仲間の間で成り立つ構造の文なのである。（中略）

紙

※

※70点満点
（配点非公表）

（個）

クリーム　（個）

クリーム　（個）

ツ　（個）

5

(1)(あ)	
(1)(い)	
(2)	
(3)①	
(3)②	

問題は，次のページから始まります。

1 次の(1)～(5)の計算をしなさい。(6)～(10)は指示に従って答えなさい。

(1) $-1+7$

(2) $(-8)\times(-2)-(-4)$

(3) $(-3a-5)-(5-3a)$

(4) $4a^2b\div\frac{3}{2}b$

(5) $(\sqrt{3}+2)(\sqrt{3}-5)$

(6) ある正の整数から3をひいて，これを2乗すると64になります。この正の整数を求めなさい。ただし，解答欄の書き出しに続けて，答えを求めるまでの過程も書きなさい。

(7) yはxに反比例し，$x=-3$のとき$y=1$です。このとき，yをxの式で表しなさい。

2023(R5) 岡山県公立高　一般
K 教英出版

(8) ことがらAの起こる確率をpとするとき，ことがらAの起こらない確率をpを使って表しなさい。

(9) 次のことがらが正しいかどうかを調べて，正しい場合には解答欄に「正しい」と書き，正しくない場合には反例を一つ書きなさい。

aが3の倍数ならば，aは6の倍数である。

(10) 図のように，線分ＡＢを直径とする半円Ｏの弧ＡＢ上に点Ｃがあります。3点Ａ，Ｂ，Ｃを結んでできる△ＡＢＣについて，ＡＢ＝8 cm，∠ＡＢＣ＝30°のとき，弧ＢＣと線分ＢＣで囲まれた色のついた部分の面積を求めなさい。

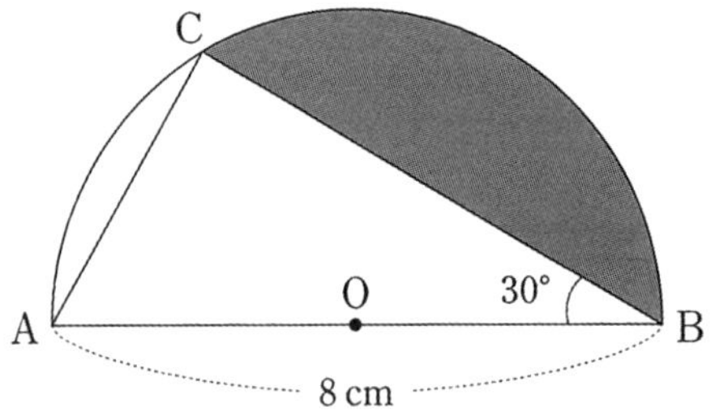

2 太郎さんと花子さんは，中学生の体力について調べています。**<会話>**を読んで，(1)～(3)に答えなさい。

<会話>

太郎：私たちの中学校で実施している2年生の体力テストの結果を，5年ごとに比較してみよう。

花子：(あ)2010年，2015年，2020年の50m走のデータをもとに，箱ひげ図を作ってみたよ。

太郎：箱ひげ図の箱で示された区間には，すべてのデータのうち，真ん中に集まる約［　(い)　］%のデータが含まれていたよね。箱ひげ図は，複数のデータの分布を比較しやすいね。

花子：(う)2010年，2015年，2020年の50m走のデータをもとに，ヒストグラムも作ってみたよ。

太郎：箱ひげ図とヒストグラムを並べると，データの分布をより詳しく比較できるね。次は，反復横とびのデータを比較してみようよ。

花子さんが作った箱ひげ図

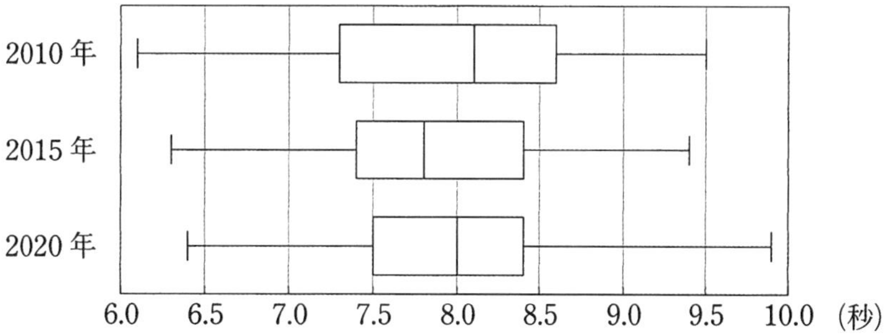

(1) 下線部(あ)について，花子さんが作った箱ひげ図から読み取れることとして，次の①，②のことがらは，それぞれ正しいといえますか。**[選択肢]**の**ア**～**ウ**の中から最も適当なものをそれぞれ一つ答えなさい。

① 2015年の第3四分位数は，2010年の第3四分位数よりも小さい。

② 2020年の平均値は8.0秒である。

[選択肢]

ア 正しい　　**イ** 正しくない

ウ 花子さんが作った箱ひげ図からはわからない

(2) (い) に当てはまる数として最も適当なのは，**ア**～**エ**のうちではどれですか。一つ答えなさい。

ア 25　　**イ** 50　　**ウ** 75　　**エ** 100

(3) 下線部(う)について，次の3つのヒストグラムは，花子さんが作った箱ひげ図の2010年，2015年，2020年のいずれかに対応しています。各年の箱ひげ図に対応するヒストグラムを，**ア**～**ウ**の中からそれぞれ一つ答えなさい。

ア

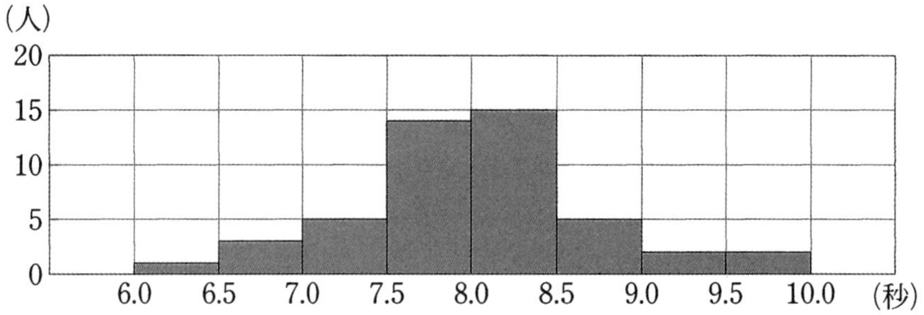

イ

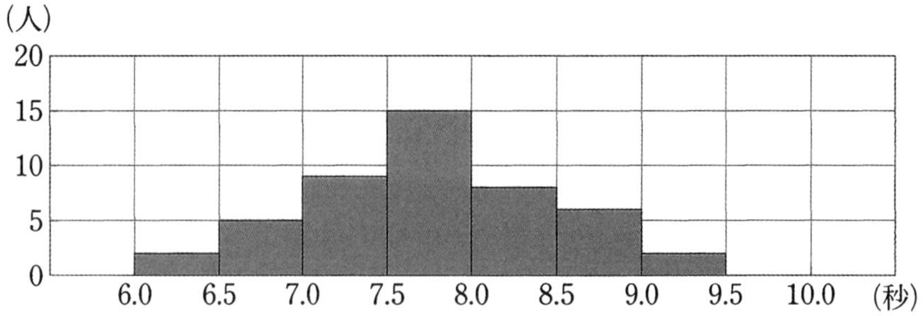

ウ

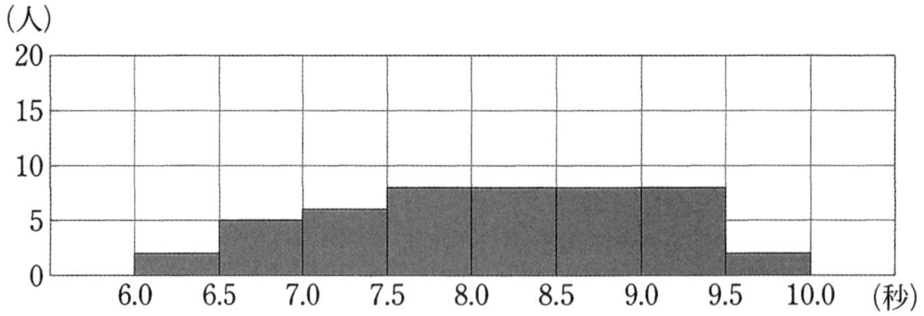

※ヒストグラムについて，例えば，6.0～6.5の区間は，6.0秒以上6.5秒未満の階級を表す。

3 　太郎さんは，ある洋菓子店で1500円分の洋菓子を買おうと考えています。(1)，(2)に答えなさい。ただし，消費税は考えないものとします。

(1)　洋菓子店では，1500円すべてを使い切ると，1個180円のプリンと1個120円のシュークリームを合わせて9個買うことができます。①，②に答えなさい。

①　次の数量の間の関係を等式で表しなさい。

1個180円のプリンをx個と1個120円のシュークリームをy個買うときの代金の合計が1500円である。

②　プリンとシュークリームをそれぞれ何個買うことができるかを求めなさい。

令和５年度学力検査［第Ⅰ期］

英　　語　（45分）

受検上の注意

1　「始めなさい。」の指示があるまで，問題を見てはいけません。

2　解答用紙は，この表紙の裏面です。

3　指示があったら，解答用紙と問題用紙を全部調べなさい。
問題用紙は１ページから10ページにわたって印刷してあります。もし，ページが足りなかったり，やぶれていたり，印刷のわるいところがあったりした場合は，手をあげて監督の先生に言いなさい。そのあと，指示に従って解答用紙に受検番号，志願校名を書き入れてから始めなさい。

4　解答用紙の定められたところに，記号，数，式，ことば，文章などを書き入れて答えるようになっていますから，よく注意して，答えを書くところや書き方をまちがえないようにしなさい。

5　答えが解答欄の外にはみ出したり，アかイかよくわからない記号を書いたりすると，誤答として採点されることがあります。

6　解答用紙に印刷してある □ や ※ には，なにも書いてはいけません。

7　メモなどには，問題用紙の余白を利用しなさい。

8　「やめなさい。」の指示があったら，すぐに書くのをやめ，解答用紙を机の上に広げて置きなさい。問題用紙は持ち帰りなさい。

9　解答用紙は，検査室からいっさい持ち出してはいけません。

受検番号	(算用数字)	志願校	

解

注意　1　英語で書くところは，活字体，筆記体のどちらで書いてもかまいません。
　　　2　語数が指定されている設問では，「,」や「.」，「?」などの符号は語数に含めません。
　　　　また，「don't」などの短縮形は，1語とします。

1

A(1)	
A(2)	
B(あ)	
B(い)	
B(う)	
C(1)	
C(2)	
D(1)	→ →
D(2)	

2

(1)	
(2)	
(3)	
(4)	
(5)	

問題は，次のページから始まります。

1　この問題は聞き取り検査です。**問題A～問題D**に答えなさい。すべての問題で英語は２回ずつ読まれます。途中でメモをとってもかまいません。

問題A　(1)，(2)のそれぞれの英文で説明されている内容として最も適当なのは，**ア～エ**のうちではどれですか。一つ答えなさい。

(1)

ア

Tetsu　Nana

イ

Tetsu　Nana

ウ

Tetsu　Nana

エ

Tetsu　Nana

(2)

ア

イ

ウ

エ

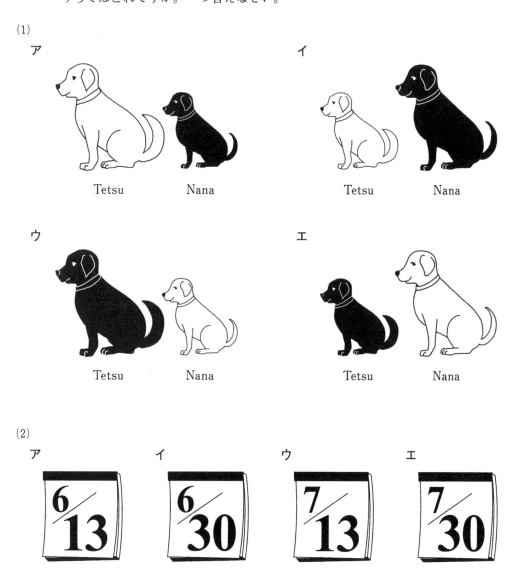

問題B　海外旅行中の Kazuaki が，ツアーガイドによるアナウンスを聞いてメモをとっています。メモの［　(あ)　］～［　(う)　］にそれぞれ適当な英語1語を入れなさい。

［Kazuaki のメモ］

	Places to visit	Things to do
1	a lake	eat ［　(あ)　］
2	a large ［　(い)　］	see beautiful mountains
3	a market	buy a lot of ［　(う)　］

問題C　(1)，(2)のそれぞれの会話についての質問の答えとして最も適当なのは，**ア**～**エ**のうちではどれですか。一つ答えなさい。

(1)
ア　Under the bed.
イ　On the sofa.
ウ　Under the books.
エ　On the desk.

(2)
ア　She will bring a cake.
イ　She will make lunch with Jiro's father.
ウ　She will invite Jiro to her house.
エ　She will buy a pizza.

問題D　留学中の Kumi に，クラスメイトの Mike が学校の図書館を案内しています。Mike の説明を聞いて，(1)，(2)に答えなさい。

(1)　Mike が説明した順に，**ア**～**ウ**を並べ替えなさい。

ア　日本語で書かれた本の有無　　　**イ**　休館日　　　**ウ**　貸出日数

(2)　Mike の最後の発言に対して，どのような質問をしますか。あなたが Kumi になったつもりで，［　　　］にその質問を英語で書きなさい。ただし，主語と動詞を含む6語以上の1文とすること。

Yes, I have a question. ［　　　］?

2 Toshi と留学生の Ben が，あるウェブサイトを見ながら，サイクリング（cycling）の計画を立てています。次は，そのウェブサイトの画面と会話です。(1)～(5)に答えなさい。

ウェブサイトの画面

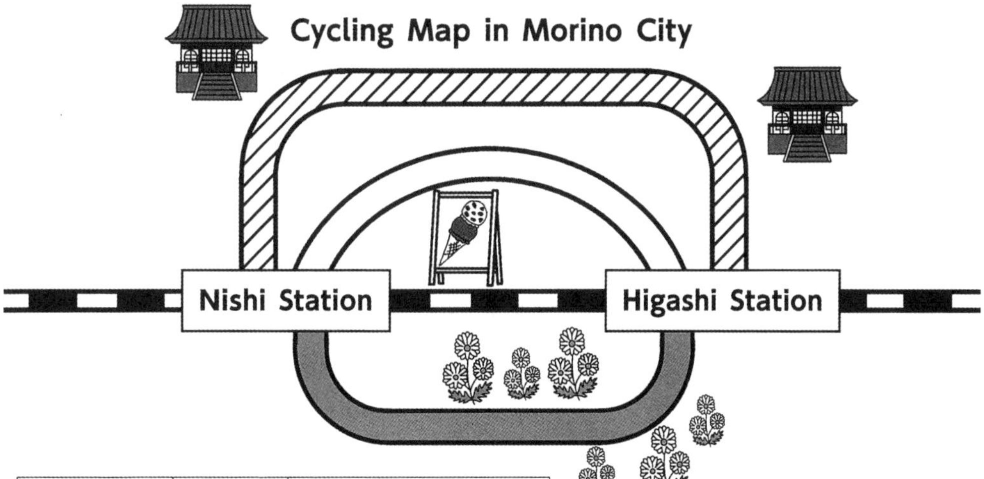

Course		Distance	Average Cycling Time*
I		12 km	1.2 hours
II		16 km	1.6 hours
III		20 km	2 hours

*You need more time if you visit some places along the course.

Toshi : In Japan, spring is a good season for cycling. I'm going to visit Morino City to ride a bike this weekend, on April 15 or 16. Let's go cycling together.

Ben : Sure. I want to go, but I don't like to ride a bike when it rains. I hear that it'll rain this Sunday. How about this [(あ)], April 15 ?

Toshi : OK. Look at this website. There are three cycling courses in Morino City. We'll take a train to go to Nishi Station, and rent bikes there.

Ben : So, we'll start at Nishi Station.

Toshi : Yes. We'll end and return our bikes at Higashi Station. Now, which course do you want to choose ? I think we can stay in the city for about two hours.

Ben : I want to eat ice cream, but this course is the shortest.

Toshi : Then, why don't we choose [(い)] ? It's the longest one and we can visit temples.

Ben : If we choose this course, we can't spend enough time at these temples.

Toshi : Well, how about this one ? Morino City is famous for flowers. They are really beautiful. Along this course, we can take pictures of (う)<u>them</u>.

Ben : That sounds great. Let's choose this course. I'll bring my camera that I (え)<u>buy</u> last month.

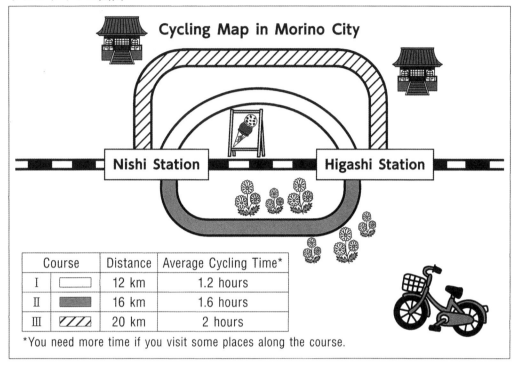

〔注〕 course　コース　　distance　距離　　average　平均の
rent ～　～を有料で借りる　　return ～　～を返す　　spend ～　～を費やす
camera　カメラ

(1) [　(あ)　] に入れるのに最も適当な曜日を英語１語で書きなさい。

(2) [　(い)　] に入れるのに最も適当なのは，**ア**～**ウ**のうちではどれですか。一つ答えなさい。

ア　Course I　　**イ**　Course Ⅱ　　**ウ**　Course Ⅲ

(3) 下線部(う)が指すのは何ですか。英語１語を会話から抜き出して書きなさい。

(4) 下線部(え)の単語を，最も適当な形に変えて書きなさい。

(5) ウェブサイトの画面と会話から読み取れる内容として最も適当なのは，**ア**～**エ**のうちではどれですか。一つ答えなさい。

ア　Course I is longer than Course Ⅱ.
イ　Ben likes to go cycling on a rainy day.
ウ　Toshi will go to Nishi Station by bus.
エ　Ben and Toshi will start to ride bikes at Nishi Station.

3 　ホームステイをしている中学生の Ayako が，誕生日カード（birthday card）について ホストファミリーの Roy と会話をしています。次の①〜⑤はそのときの二人の会話です。Ayako が考えている内容に合うように，書き出しに続けて，　(1)　に3語以上，　(2)　に5語以上の英語を書き，会話を完成させなさい。なお，会話は①〜⑤の順に行われています。

会話

① What's that ?

② It's a birthday card.

[Ayako]

[Roy]

日本のおばあちゃんに
これを送りたいの。

③ I want to 　(1)　 my grandmother in Japan.

④ That's a good idea.

[Ayako]

[Roy]

これを読んで，喜んで
くれるといいな。

[Ayako's grandmother]

⑤ I hope that she will 　(2)　 .

[Ayako]

問題C　次の会話と質問が２回読まれるのを聞いて，問題用紙の指示に従って答える。

(1)

A : Mom, I'm looking for my watch. Yesterday, I thought that I put it on the desk, but it was not there.

B : John, did you check under the books or on the sofa ?

A : Yes, I did, but I could not find it.

B : Look. I found it. It is under the bed.

Question : Where did John's mother find his watch ?

(2)

A : Hi, Emily. Tomorrow, my family will make pizza for lunch at my house. Can you join us ?

B : Of course, Jiro. I will visit your house. Do you know how to make it ? I have never made it.

A : Don't worry. My father will teach us how to make it.

B : Wow. I want to make it with your father. Also, I will bring something to drink.

Question : What will Emily do tomorrow ?

問題D　次の英文が２回読まれるのを聞いて，問題用紙の指示に従って答える。

This is our school library. From Monday to Friday, it is open from 9:00 a.m. to 4:30 p.m. It is not open on weekends. You can borrow books for two weeks. This library does not have any books written in Japanese. Kumi, if you want to know more about this library, please ask me.

令和５年度学力検査［第Ⅰ期］

理　科　(45分)

受検上の注意

1　「始めなさい。」の指示があるまで，問題を見てはいけません。

2　解答用紙は，この表紙の裏面です。

3　指示があったら，解答用紙と問題用紙を全部調べなさい。
　問題用紙は1ページから11ページにわたって印刷してあります。もし，ページが足りなかったり，やぶれていたり，印刷のわるいところがあったりした場合は，手をあげて監督の先生に言いなさい。そのあと，指示に従って解答用紙に受検番号，志願校名を書き入れてから始めなさい。

4　解答用紙の定められたところに，記号，数，式，ことば，文章などを書き入れて答えるようになっていますから，よく注意して，答えを書くところや書き方をまちがえないようにしなさい。

5　答えが解答欄の外にはみ出したり，アかイかよくわからない記号を書いたりすると，誤答として採点されることがあります。

6　解答用紙に印刷してある［　］や［※］には，なにも書いてはいけません。

7　メモなどには，問題用紙の余白を利用しなさい。

8　「やめなさい。」の指示があったら，すぐに書くのをやめ，解答用紙を机の上に広げて置きなさい。問題用紙は持ち帰りなさい。

9　解答用紙は，検査室からいっさい持ち出してはいけません。

受検番号	(算用数字)	志願校	

解 答

1

(1)①	
(1)②	
(2)①	
(2)②	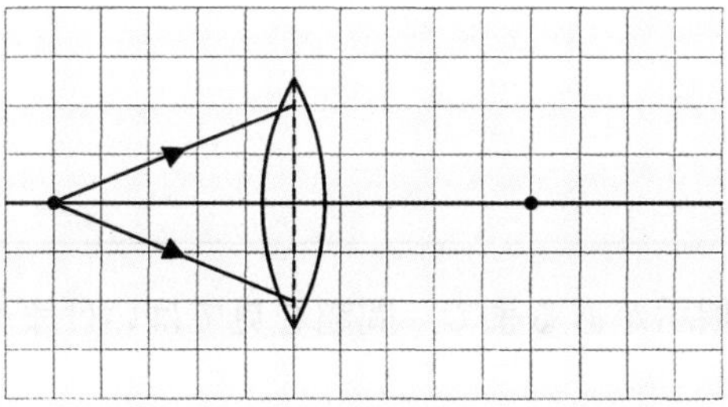
(3)①	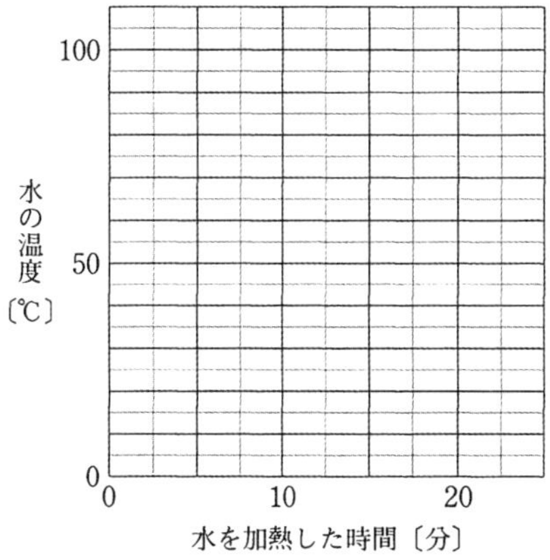
(3)②	
(4)①	
(4)②	

2

(
(
(
(
(
(6
(6

3

(
(
(
(
(
(
(

問題は，次のページから始まります。

1 次の(1)～(4)に答えなさい。

(1) 次の文章は，動物の排出のしくみについて説明したものです。①，②に答えなさい。

> ヒトなどの動物の細胞でアミノ酸が分解されると，二酸化炭素や水の他に，有害な［(a)］が生じる。［(a)］は血液に取り込まれて［(b)］に運ばれ，そこで害の少ない尿素に変えられる。尿素は，再び血液によって運ばれ，［(c)］で余分な水や塩分などとともに血液中からこし出され，尿として体外へ排出される。

① ［(a)］に当てはまる物質の名称を答えなさい。

② ［(b)］と［(c)］に当てはまる語の組み合わせとして最も適当なのは，**ア**～**エ**のうちではどれですか。一つ答えなさい。

ア (b) 心臓　(c) 腎臓　　**イ** (b) 腎臓　(c) 肝臓
ウ (b) 肝臓　(c) 腎臓　　**エ** (b) 肝臓　(c) 心臓

(2) 凸レンズに関して，①，②に答えなさい。

① 図1のように，凸レンズの焦点距離の2倍の位置に，物体とスクリーンを置くと，スクリーン上には物体と同じ大きさの上下左右逆の実像ができます。物体を図1の**A**の位置に移動させたときの，実像ができる位置と実像の大きさについて述べたものとして最も適当なのは，**ア**～**ウ**のうちではどれですか。一つ答えなさい。

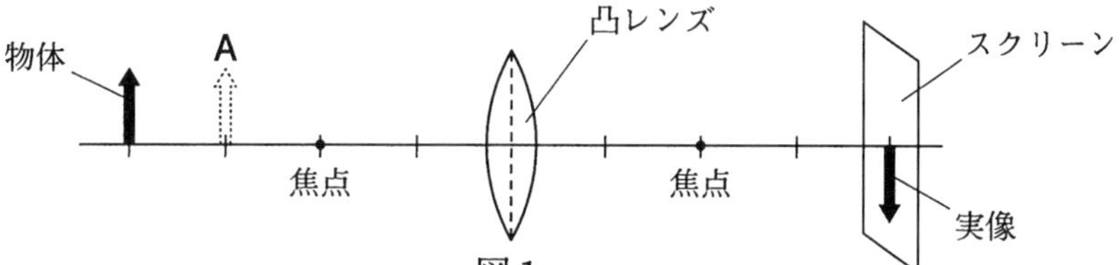

図1

ア 実像ができる位置は凸レンズから遠くなり，実像の大きさは大きくなる。
イ 実像ができる位置も実像の大きさも変わらない。
ウ 実像ができる位置は凸レンズから近くなり，実像の大きさは小さくなる。

② 図2のように，焦点の位置から矢印の2方向に進んだ光が，凸レンズで屈折して進むときの光の道筋を，解答欄の図にかきなさい。ただし道筋は，光が凸レンズの中心線で1回だけ屈折しているようにかくこととします。

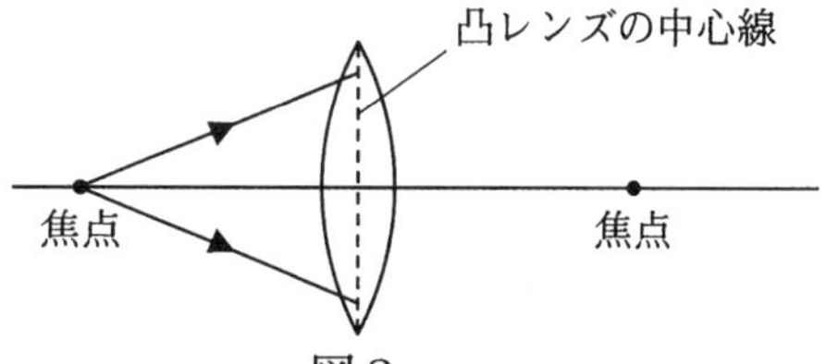

図2

(3) 次の表は，25℃の水を加熱しながら，5分ごとに温度を測定して記録したものです。①，②に答えなさい。

表

水を加熱した時間〔分〕	0	5	10	15	20	25
水の温度〔℃〕	25	50	75	100	100	100

① 表をもとに，水を加熱した時間と水の温度の関係を表したグラフをかきなさい。

② 表の，水を加熱した時間が20分のときに起きている現象と，関係が深い現象として最も適当なのは，**ア**～**エ**のうちではどれですか。一つ答えなさい。

ア 氷水を入れたコップをしばらく置くと，コップの表面に水滴ができた。

イ 温水が入ったコップに冷水を加えると，温水は上昇し，冷水は下降した。

ウ 紙でできた鍋に水を入れて下から加熱すると，紙の鍋は燃えずに水が沸騰した。

エ 熱い味噌《みそ》汁を入れた汁椀《わん》にふたをして冷ますと，ふたが開かなくなった。

(4) 次の文章は，日本の天気の特徴について説明したものです。①，②に答えなさい。

> 冬になると(d)ある高気圧が発達して，[(e)]の冬型の気圧配置になり，冷たく乾燥した季節風がふく。乾燥していた大気は，温度の比較的高い海水からの水蒸気を含んで湿る。湿った大気が，日本の中央部の山脈などにぶつかって上昇気流を生じ，[(f)]側に大雪をもたらす。

① 下線部(d)の発達によって形成される気団は，図3の**X**～**Z**のうちではどれですか。一つ答えなさい。

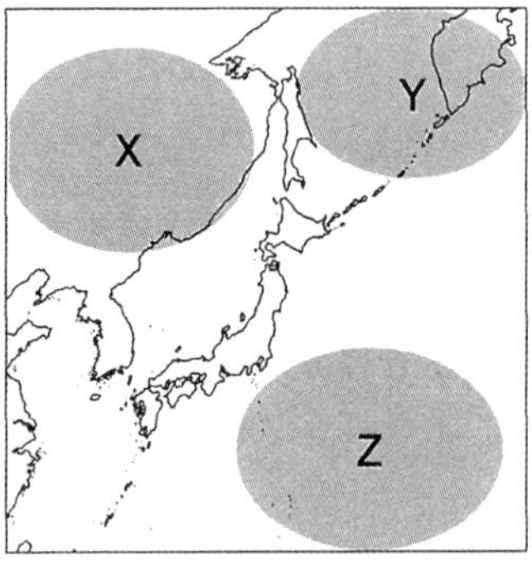

図3

② [(e)]と[(f)]に当てはまる語の組み合わせとして最も適当なのは，**ア**～**エ**のうちではどれですか。一つ答えなさい。

ア (e) 南高北低　(f) 太平洋

イ (e) 南高北低　(f) 日本海

ウ (e) 西高東低　(f) 太平洋

エ (e) 西高東低　(f) 日本海

2　次は，自動車の原動機について興味をもった栄一さんの実験レポートの一部です。(1)～(6)に答えなさい。

近年，電気自動車や燃料電池車といった自動車が開発されている。それらの原動機は，エンジンではなくモーターである。モーターのエネルギーの変換効率を確認するために【実験１】を行った。

【実験１】
図１のように，直流電源装置に取り付けたプーリー（滑車）付きモーターで，重さ 0.50 N のおもりを一定の速さで 1.0 m 引き上げる。
(a)このときのモーターに加わる電圧と流れる電流，おもりを引き上げるのにかかった時間を５回測定し，その平均値を〈表〉に示した。

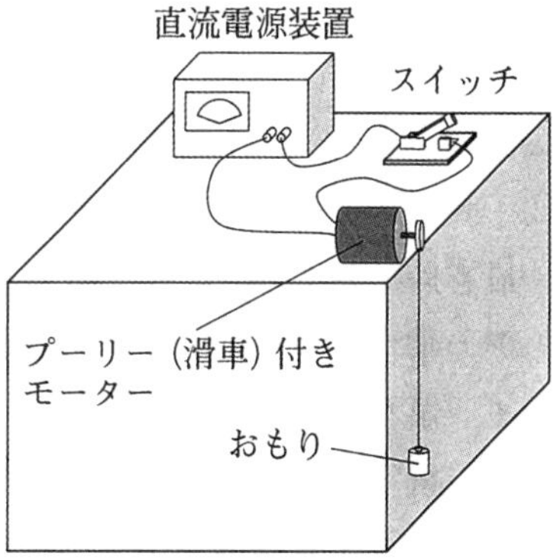

図１

〈表〉

電圧〔V〕	電流〔A〕	時間〔秒〕
1.5	0.10	10

モーターのエネルギーの変換効率〔%〕は，次の［式］で求めることができる。

［式］ $\dfrac{\text{おもりが得た位置エネルギー（モーターがした仕事）}}{\text{モーターが消費した電気エネルギー}} \times 100$

エネルギーの変換時に，モーターが消費した電気エネルギーすべてが，おもりが得た位置エネルギー（モーターがした仕事）に変換されるわけではないことが分かった。
電気エネルギーの一部が熱エネルギーに変換されることにより，モーターが高温になり，故障につながるため，自動車では水などを使ってモーターの温度変化を抑えている。熱を加えたときの，水の温度変化を確認するために【実験２】を行った。

【実験２】
図２のように発泡スチロール製のカップに水 100 g を入れ，６V の電圧を加えたときに消費電力が３W の(b)電熱線で水を加熱する。電熱線に６V の電圧を加え，水をガラス棒でかき混ぜながら 60 秒ごとに温度を測定し，〈グラフ〉を作成した。

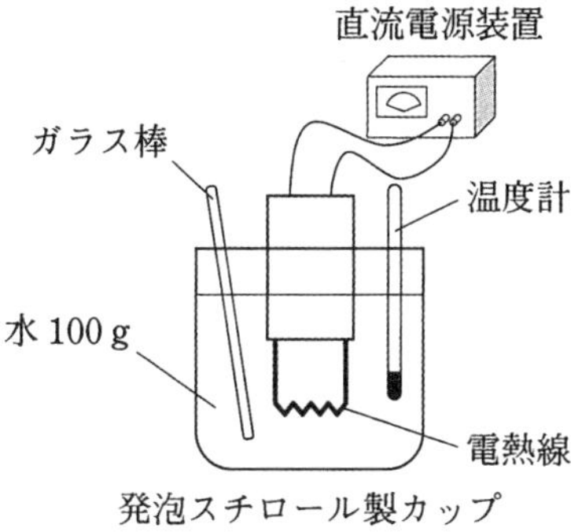

図２

〈グラフ〉

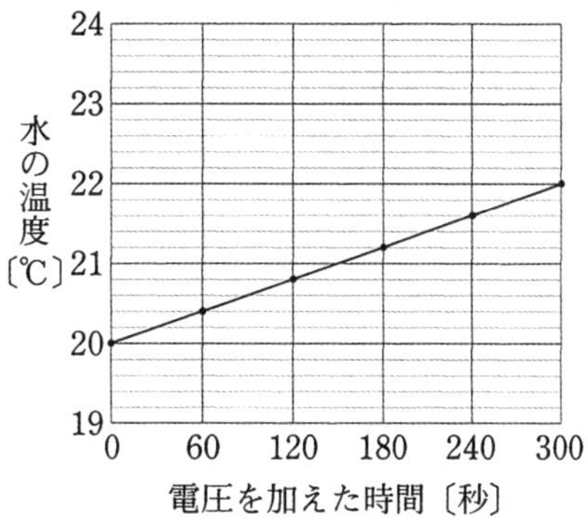

⑴ 下線部(a)について，このモーターに加わる電圧と流れる電流を測定するための回路を表しているのは，**ア**～**エ**のうちではどれですか。一つ答えなさい。ただし，Ⓥは電圧計，Ⓐは電流計，Ⓜはモーターを表しています。

ア　　**イ**　　**ウ**　　**エ**

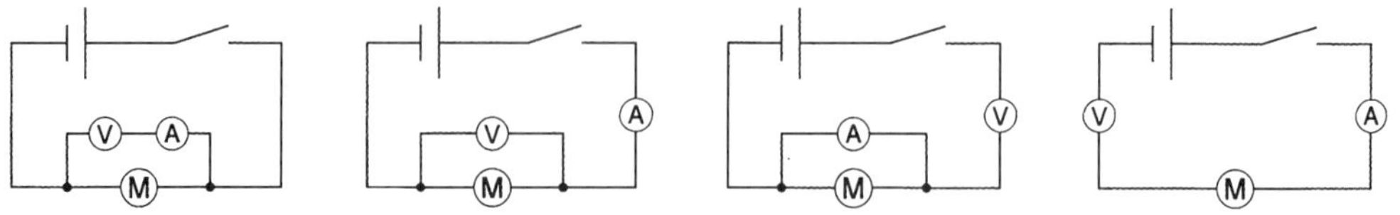

⑵ 【実験１】について，〈表〉をもとに計算すると，モーターの電力は何Wですか。

⑶ 【実験１】において，［式］を使って求められるモーターのエネルギーの変換効率は何％ですか。小数第１位を四捨五入して，整数で答えなさい。

⑷ 図３は，モーターの構造を模式的に表しています。図３のように，コイルが時計まわりに動き出すのは，**ア**～**エ**のうちではどれですか。当てはまるものをすべて答えなさい。
（⇄は流れている電流の向きを表す。）

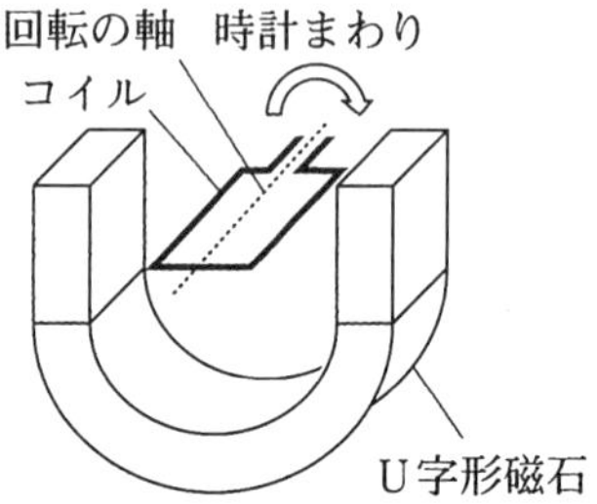

図３

ア　　**イ**　　**ウ**　　**エ**

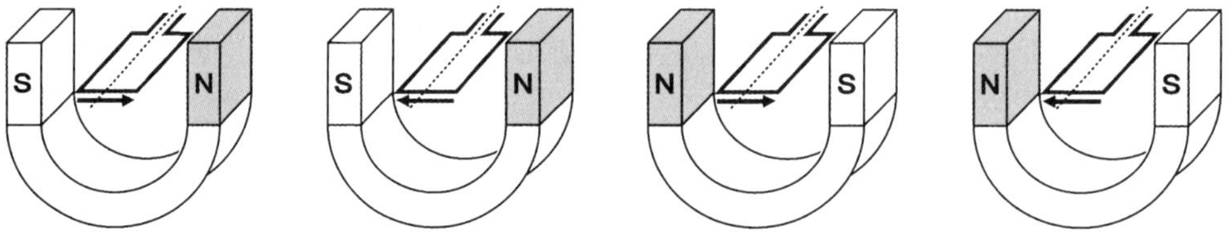

⑸ 下線部(b)について，電熱線に加える電圧と電熱線を流れる電流は比例の関係にあります。この法則を何といいますか。

⑹ 【実験２】について，①，②に答えなさい。

① 〈グラフ〉をもとに計算すると，水1.0 gの温度を1.0℃上げるのに必要な熱量は何Jですか。

② ①の値は，実際に水1.0 gの温度を1.0℃上げるのに必要な熱量の値よりも大きな値になります。値が異なる理由を答えなさい。ただし，電熱線が消費した電気エネルギーはすべて熱エネルギーに変換されるものとします。

3 有香さんは自由研究で，地層のでき方について調べてまとめました。次は，そのノートの一部です。(1)～(7)に答えなさい。

○学校の近くでは，図1のような地層の積み重なりが観察できた。

・地表の岩石は，(a)気温の変化や風雨などのはたらきによって，長い年月をかけてもろくなり，これらが(b)流水のはたらきによってけずられて土砂になる。

・土砂は，河川などの(c)水の流れによって下流に流される。この土砂は，平野や海などの流れがゆるやかになったところでたまり，やがて地層をつくる。

○化石発掘体験に参加し，図2のようなビカリアの化石を見つけることができた。

・ビカリアは浅い海などに生息していた巻き貝であるが，化石は山間地の地層で見つかった。フズリナやビカリアは(d)示準化石としても知られている。

・海底でできた地層が，地表で見られることもある。これは，(e)プレートの動きにともなって大地が変動して地表に現れたものである。

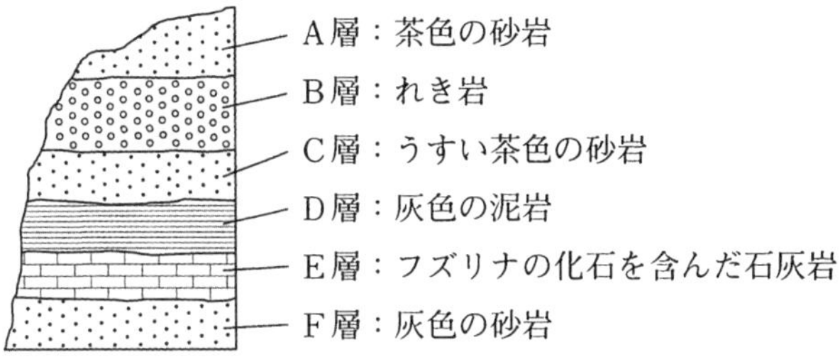

図1

図2

(1) 下線部(a)～(c)を表した語の組み合わせとして最も適当なのは，**ア**～**カ**のうちではどれですか。一つ答えなさい。

ア (a) 侵食 (b) 風化 (c) 運搬　　**イ** (a) 侵食 (b) 運搬 (c) 風化
ウ (a) 風化 (b) 侵食 (c) 運搬　　**エ** (a) 風化 (b) 運搬 (c) 侵食
オ (a) 運搬 (b) 侵食 (c) 風化　　**カ** (a) 運搬 (b) 風化 (c) 侵食

(2) 図1のB層，C層，D層の岩石を観察しました。これらの岩石に共通する特徴として最も適当なのは，**ア**～**エ**のうちではどれですか。一つ答えなさい。

ア 角ばっている粒が多い。　　**イ** 丸みを帯びている粒が多い。
ウ 火山灰が含まれているものが多い。　　**エ** 生物の死がいを含むものが多い。

(3) 図1のE層から石灰岩（主成分は$CaCO_3$）を採取して持ち帰り，塩酸をかけると塩化カルシウム（$CaCl_2$）と水とある気体が発生しました。この化学変化について，解答欄の□をそれぞれうめて，化学反応式を完成させなさい。

令和５年度学力検査［第Ⅰ期］

社　　会　（45分）

受検上の注意

1　「始めなさい。」の指示があるまで，問題を見てはいけません。

2　解答用紙は，この表紙の裏面です。

3　指示があったら，解答用紙と問題用紙を全部調べなさい。
問題用紙は１ページから11ページにわたって印刷してあります。もし，ページが足りなかったり，やぶれていたり，印刷のわるいところがあったりした場合は，手をあげて監督の先生に言いなさい。そのあと，指示に従って解答用紙に受検番号，志願校名を書き入れてから始めなさい。

4　解答用紙の定められたところに，記号，数，式，ことば，文章などを書き入れて答えるようになっていますから，よく注意して，答えを書くところや書き方をまちがえないようにしなさい。

5　答えが解答欄の外にはみ出したり，アかイかよくわからない記号を書いたりすると，誤答として採点されることがあります。

6　解答用紙に印刷してある や ※ には，なにも書いてはいけません。

7　メモなどには，問題用紙の余白を利用しなさい。

8　「やめなさい。」の指示があったら，すぐに書くのをやめ，解答用紙を机の上に広げて置きなさい。問題用紙は持ち帰りなさい。

9　解答用紙は，検査室からいっさい持ち出してはいけません。

受検番号	(算用数字)	志願校	

解 答

1

(1)	
(2)	
(3)	
(4)	
(5)	
(6)P	
(6)Q	

2

(1)	
(2)	
(3)	
(4)	
(5)	アメリカ合衆国は,

3

(1)	
(2)①	
(2)②	
(3)	
(4)	→ → →
(5)	

問題は，次のページから始まります。

1　太郎さんは，「我が国と諸外国との交流」に着目して近世までの歴史的分野の学習をふり返り，次の表を作成しました。(1)～(6)に答えなさい。

表

時代区分	諸外国との交流
古代	・(a)大仙古墳などの古墳がつくられていたころ，中国大陸や朝鮮半島などから移り住んできた人々によって，さまざまな技術が伝えられた。 ・(b)遣唐使《けんとうし》などにより，唐の文化や制度がもたらされた。
中世	・(c)室町幕府が朝貢する形の勘合貿易では，銅銭や生糸などが輸入され，刀や銅などが輸出された。 ・ポルトガルとスペインの船が来航し，(d)南蛮人との貿易が始まった。
近世	・江戸幕府は初め，ヨーロッパとの貿易を認めていたが，(e)キリスト教が広まっていくと，貿易統制を強化するようになった。日本人商人などの海外への渡航や海外からの帰国は禁止され，(f)諸外国との交流は制限された。

(1)　下線部(a)を何といいますか。

(2)　資料1は，下線部(b)のころに定められた我が国における律令《りつりょう》国家の政治のしくみの一部を示しています。［X］，［Y］に当てはまることばの組み合わせとして最も適当なのは，ア～エのうちではどれですか。一つ答えなさい。

ア　［X］：都（中央）　［Y］：県令
イ　［X］：東国《とうごく》　［Y］：県令
ウ　［X］：都（中央）　［Y］：郡司《ぐんじ》
エ　［X］：東国　［Y］：郡司

資料1

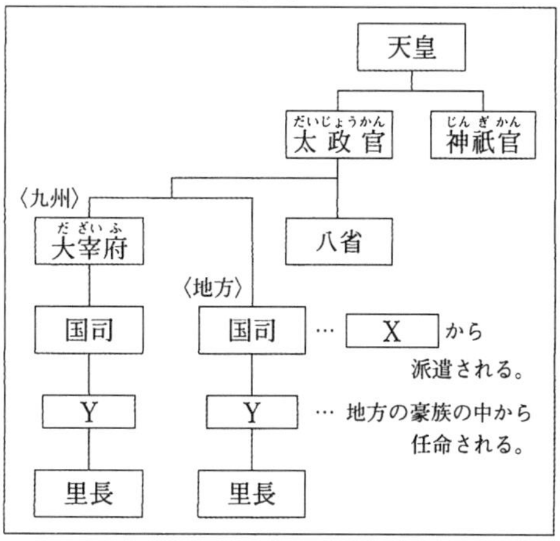

(3)　下線部(c)の相手となった王朝として最も適当なのは，ア～エのうちではどれですか。一つ答えなさい。

ア　宋《そう》　　イ　隋《ずい》　　ウ　元《げん》　　エ　明《みん》

(4)　下線部(d)が行われていた安土《あづち》桃山時代の文化について述べた文として最も適当なのは，**ア**～**エ**のうちではどれですか。一つ答えなさい。

ア　千利休《せんのりきゅう》は中国大陸伝来の茶を飲む習慣において，わび茶を完成させた。

イ　杉田玄白《すぎたげんぱく》らが翻訳したヨーロッパの解剖書は，『解体新書』として出版された。

ウ　雪舟《せっしゅう》は中国大陸で水墨画の技法を高め，日本の風景などをえがいた。

エ　中国大陸にわたった栄西《えいさい》と道元《どうげん》は，日本に禅宗を伝えた。

(5)　下線部(e)に関して，太郎さんは，江戸幕府の対応について説明する文を，資料２をもとに作成しました。次の文の□に当てはまる適当な内容を書きなさい。

　江戸幕府は，人々に資料２を踏ませて□ことにより，禁教を徹底していった。

資料２

(6)　下線部(f)に関して，太郎さんは，制限下での江戸幕府の方針に着目して資料を探したところ，資料３を見つけて，次のようにまとめました。［P］に当てはまる適当なことばを書きなさい。また，［Q］に当てはまる適当な内容を書きなさい。

資料３

　徳川家の御治世《ごじせい》がはじまって以来，外国貿易はオランダだけにし，他の諸国には許可しないという，鎖国の御政道《ごせいどう》なので，とてもイギリスに貿易を許可するなど，思いもよりません。とにかく外国船が日本に近付いては厄介だというので，打払《うちはら》いの制度をお定めになったのですから，今回も当然打払いになるのでしょう。その場合，イギリス側ではどのような反応を示すでしょうか。

(奥州市立高野長英記念館Webページから「夢物語」を抜粋して作成)

　資料３は，来航した外国船に対して江戸幕府が1825年に定めた，［P］という法令で示した方針を批判した書物の一部だとわかった。江戸幕府は，アヘン戦争で［Q］という隣国に関する情報が伝えられると，［P］を撤廃し，外国船に対して必要な薪《まき》や水などを与えるという方針へ変更した。

2　次の図1は，緯線と経線が直角に交わる世界地図であり，緯線は赤道から，経線は本初子午線からいずれも20度間隔です。図2は，**A**を中心とする，中心からの距離と方位が正しい地図です。(1)～(5)に答えなさい。

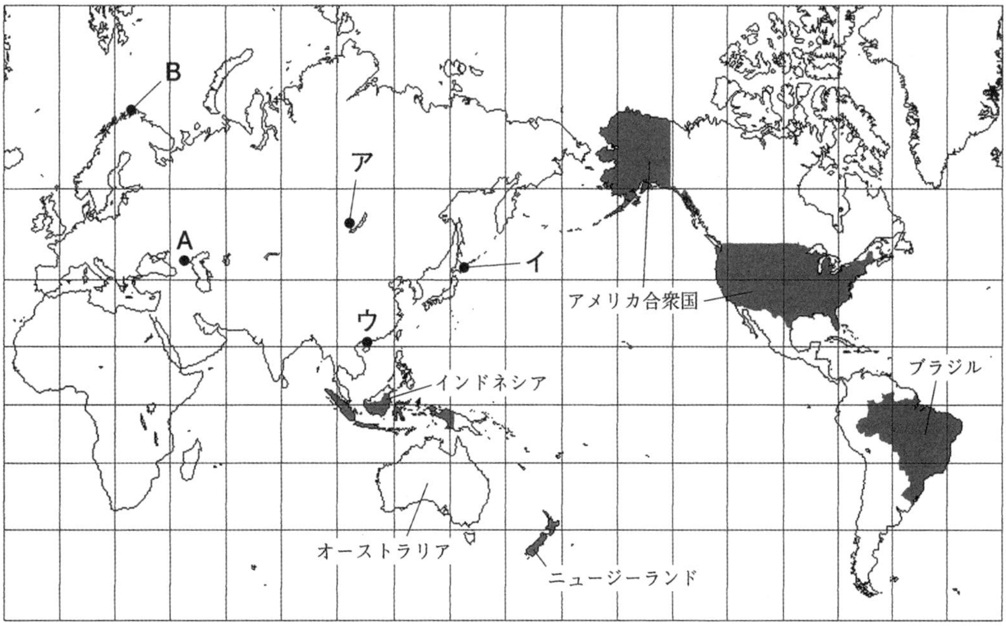

図1

図2

(1)　図1と図2の**A**は，それぞれ地球上の同じ地点を示しています。地点**A**から見て，16方位で東にあたる地点は，図1の**ア**～**ウ**のうちではどれですか。一つ答えなさい。

⑵　図１の地点**B**では，夏になると，太陽が沈まないことや太陽が沈んでも空が暗くならないことがあります。このような現象を何といいますか。

⑶　三大洋のうち，図２の**X**から**Y**へ船で向かった場合，マラッカ海峡を通過した後に通る大洋の名称を何といいますか。

⑷　右の表は，５か国（日本，インドネシア，ニュージーランド，アメリカ合衆国，ブラジル）の，領海と排他的経済水域を合わせた面積，およびその面積と国土面積との面積比を示しています。ニュージーランドが当てはまるのは，表の**ア**～**エ**のうちではどれですか。一つ答えなさい。

表

国名	領海と排他的経済水域を合わせた面積（万km²）	面積比（%）
日本	447	1 182
ア	762	77
イ	541	283
ウ	483	1 802
エ	317	37

（注）面積比とは，国土面積を100としたときの領海と排他的経済水域を合わせた面積との比率を示す。

（「2022 データブックオブ・ザ・ワールド」，「海洋白書2009」から作成）

⑸　資料は，東京都中央卸売市場におけるアメリカ合衆国産とオーストラリア産のかんきつ類の取扱数量を示しています。取扱数量の多い時期が二つの国で異なる理由を，解答欄の書き出しに続けて，それぞれの国の位置関係と季節にふれながら書きなさい。

資料

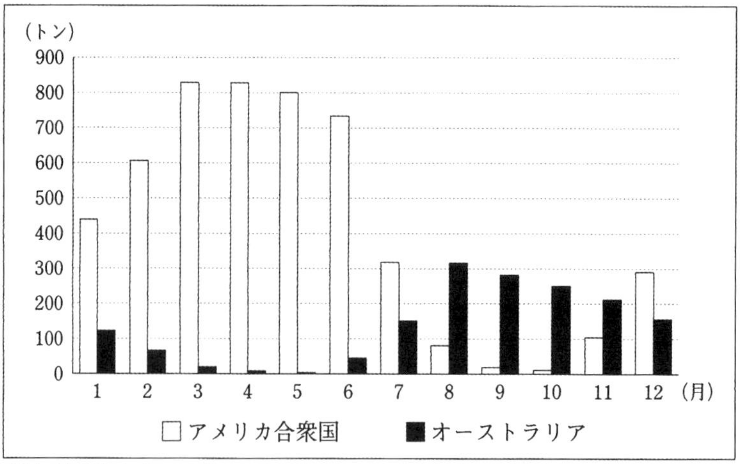

（注）統計年次は2020年。
かんきつ類は，東京都中央卸売市場の分類に基づく，みかんを除くレモンやグレープフルーツなどを示す。

（「東京都中央卸売市場統計情報」から作成）

3　さやかさんは，鉄道開業150年展へ訪れたことをきっかけに，「我が国の鉄道と経済成長」について調べ，収集した情報から資料１を作成しました。(1)～(5)に答えなさい。

資料１

鉄道に関するおもなできごと	我が国の経済成長の様子
1872年 新橋・横浜間に鉄道開通	富国強兵を実現するため，欧米の進んだ技術などを取り入れ，(a)産業をそだてる殖産興業が進められた。
1906年 (b)南満州鉄道株式会社の設立	1880年代以降，軽工業を中心に産業革命が進み，重工業では官営の八幡《やはた》製鉄所が設立された。
1914年 (c)東京駅の完成	第一次世界大戦により好景気となり，新聞・雑誌が多く発行され，映画鑑賞などが人気を集めた。
1964年 東海道新幹線の開通	(d)第二次世界大戦後，1950年代から高度経済成長となり，東京オリンピック・パラリンピックが開かれた。

(1)　下線部(a)に関して，1872年に操業が開始された群馬県の官営模範工場の名称を何といいますか。

(2)　さやかさんは，下線部(b)が設立されたころの我が国の鉄道や経済の状況について，資料２を収集し説明文を作成しました。①，②に答えなさい。

資料２

我が国の国鉄と民鉄における貨物輸送トン数の推移

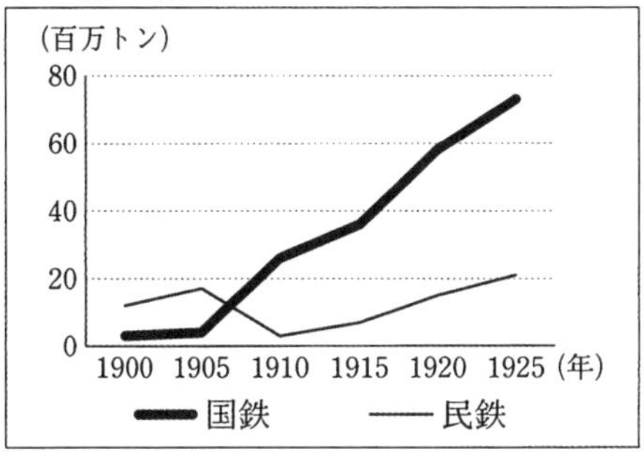

(注)　国鉄は，国が所有し経営する鉄道。民鉄は，民間企業が経営する鉄道。
輸送トン数は，輸送貨物の総重量を示す。
（「数字でみる日本の100年」から作成）

南満州鉄道株式会社は，日露戦争の講和会議で結ばれた [X] 条約により得た権利をもとに設立され，鉄道経営とともに炭鉱や製鉄所などを経営した。このころ，運輸や金融，鉱業などの業種に進出した三井・三菱《みつびし》・住友などは [Y] と呼ばれ，日本の経済を支配した。また，1906年には，軍事上の目的などもあり，政府は主要な [Z] を行い，資料２でみられる変化がおきた。

①　[X]，[Y] に当てはまることばの組み合わせとして最も適当なのは，ア～エのうちではどれですか。一つ答えなさい。

ア　[X]：下関　[Y]：財閥　　**イ**　[X]：ポーツマス　[Y]：財閥
ウ　[X]：下関　[Y]：藩閥　　**エ**　[X]：ポーツマス　[Y]：藩閥

②　[Z] に当てはまる適当な内容を書きなさい。

(3)　下線部(c)が完成した大正時代のできごととして最も適当なのは，**ア**～**エ**のうちではどれですか。一つ答えなさい。

ア　福沢諭吉《ふくざわゆきち》と中江兆民《なかえちょうみん》は，新聞や雑誌で欧米の思想を紹介した。

イ　東京に放送局が設立され，日本で初めてラジオ放送が行われた。

ウ　れんが造りの建物が東京の銀座に登場したり，牛なべが流行したりした。

エ　公害問題が深刻化し，水俣《みなまた》病やイタイイタイ病などの被害が発生した。

(4)　下線部(d)の後の世界のできごとに関して述べた**ア**～**エ**を，年代の古いものから順に並ぶように記号で答えなさい。

ア　インドネシアのバンドンで，アジア・アフリカ会議が開催された。

イ　日本と中国との国交が正常化した後，日中平和友好条約が結ばれた。

ウ　資本主義の国々が北大西洋条約機構（ＮＡＴＯ）を結成した。

エ　ヨーロッパ連合（ＥＵ）が発足し，共通通貨のユーロが導入された。

(5)　さやかさんは，国土交通省が進める鉄道などの貨物輸送に関する取り組みについて，資料３と資料４を収集し，次のようにまとめました。[　　　　　　]に当てはまる適当な内容を，資料３と資料４から読み取れる情報にふれながら，「転換」ということばを用いて書きなさい。

資料３

我が国の輸送機関別の貨物輸送分担率

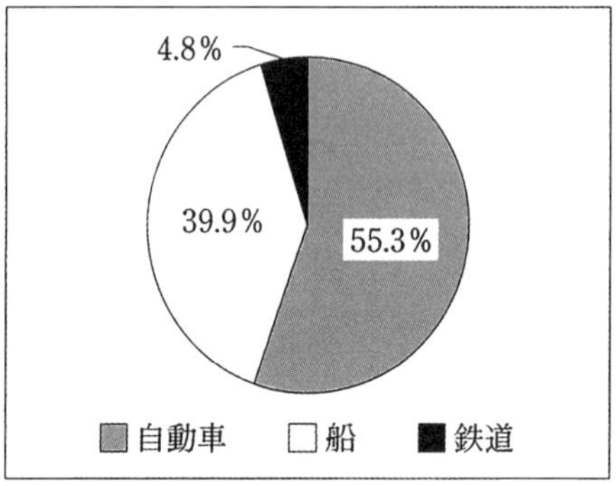

（注）統計年度は2020年。
（総務省統計局「日本の統計2022」から作成）

資料４

我が国の貨物輸送量あたりの二酸化炭素排出量

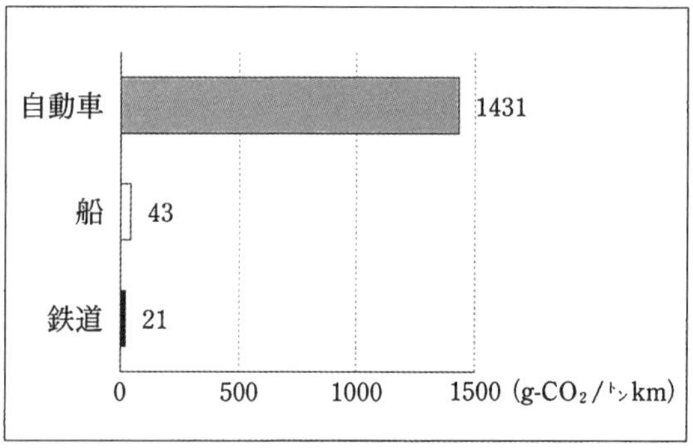

（注）統計年度は2020年。
貨物輸送量あたりの二酸化炭素排出量は，１トンの貨物を１km輸送した際の二酸化炭素排出量を示す。
（国土交通省Webページから作成）

現在，国土交通省は，国内の貨物の輸送分担を見直し，環境負荷の低減に向けた取り組みを進めている。資料３と資料４からわかるように，この取り組みは，[　　　　　　]という効果があるとされている。環境保全意識の高まりによる今後の輸送手段にも注目していきたい。

4　かずおさんは，姉妹校のある福岡県に関心を持ち，九州地方の地域的特色について調べました。図は，かずおさんが作成した略地図です。(1)～(5)に答えなさい。

(1) 図に矢印で表している海流の名称を何といいますか。

(2) 日本列島の海岸線に沿うように広がり，特に東シナ海に広範囲にみられる，ゆるやかに傾斜しながら続く海底として最も適当なのは，ア～エのうちではどれですか。一つ答えなさい。

ア　フィヨルド　　　**イ**　海溝

ウ　トラフ　　　　　**エ**　大陸棚

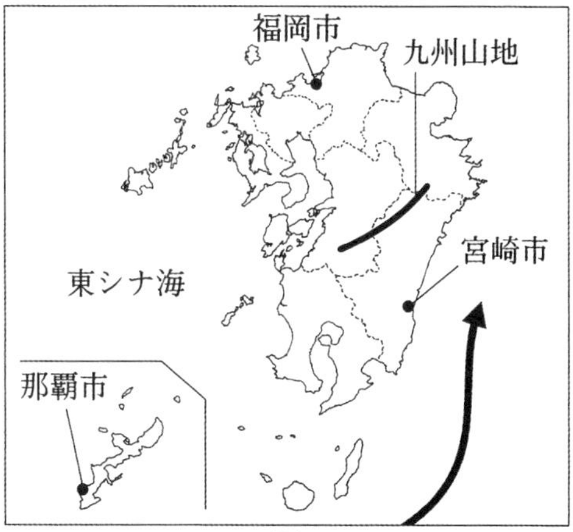

図

(3) かずおさんは，九州地方に位置する三つの市の雨温図を収集し，気候の違いに関する文章を作成しました。次の**A**～**C**は福岡市，宮崎市，那覇市のいずれかの雨温図を示し，文章中の[X]～[Z]にはそれぞれ福岡市，宮崎市，那覇市のいずれかが入ります。[Y]に当てはまる都市名を書きなさい。また，[　　　]に当てはまる適当なことばを書きなさい。

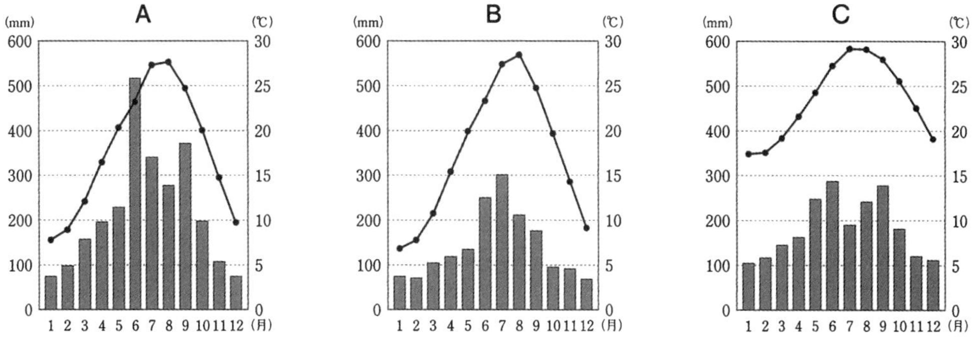

(注) 統計は，1991年から2020年までの月別平均値。

(「理科年表2022」から作成)

> [X]は，他の都市と比べて最も南に位置しているため，一年を通して気温が高いことがわかる。[Y]は，夏に季節風が九州山地に吹きつけることにより降水量が多くなり，[X]・[Y]ともに，[Z]と比べ，9月の降水量が多くなっているのは，[　　　]が通過することも要因として考えられる。

(4)　かずおさんは，九州地方の農業について，資料1を作成しました。資料1の**ア**～**エ**は，佐賀県，熊本県，宮崎県，鹿児島県のいずれかです。鹿児島県が当てはまるのは，**ア**～**エ**のうちではどれですか。一つ答えなさい。

資料1

県	農業産出額全国ランキング				耕地における田の割合（%）
	総額	畜産	果物	野菜	
ア	27位	27位	12位	21位	82.4
イ	2位	2位	20位	15位	31.6
ウ	6位	8位	7位	4位	61.5
エ	5位	3位	17位	12位	53.6

（注）統計年次は2019年。

（国土交通省「九州地方 新広域道路交通ビジョン 令和3年7月」，「2021データブックオブ・ザ・ワールド」から作成）

(5)　かずおさんは，福岡県における交通の状況を調べている際，資料2と資料3を収集し，考察した内容を次のようにまとめました。資料2は，福岡県における，今後の道路整備計画のイメージ図を示しており，資料3は，福岡県の人口上位5市の県内における人口割合と面積割合を示しています。［　　　　］に当てはまる適当な内容を，資料3から読み取れる情報にふれながら書きなさい。

資料2

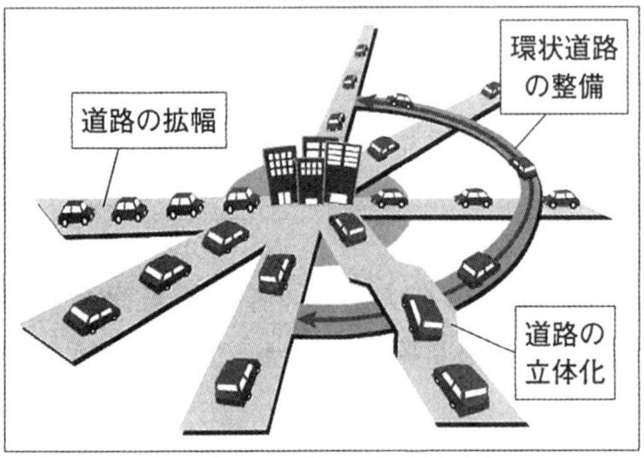

（国土交通省「九州地方 新広域道路交通ビジョン 令和3年7月」から一部改変して作成）

資料3

市名	人口割合（%）	面積割合（%）
福岡市	31.4	6.9
北九州市	18.3	9.9
久留米市	5.9	4.7
飯塚《いいづか》市	2.5	4.3
大牟田《おおむた》市	2.2	1.7

（注）統計年次は，人口割合，面積割合ともに2020年。

（「令和2年国勢調査」，「令和2年全国都道府県市区町村別面積調」から作成）

資料2は，福岡県の都市部における交通面での問題を解決するための計画を表している。この計画の背景の一つには，資料3の人口割合と面積割合を比較すると，福岡市のような都市部は，［　　　　］という現状があることがわかった。次は，私の身近な地域ではどのような問題があるか，その問題を解決するためにどのような取り組みが行われているかを調べたい。そして，何が背景として考えられるかを探っていきたい。

5　かなこさんは，2023年に広島で開催される予定のＧ７サミットについて調べ，「国際社会の中の日本」というテーマで，発表するためのスライドを作成しています。(1)～(7)に答えなさい。

スライド１

Ｇ７サミットとは

○ フランス，アメリカ合衆国，イギリス，ドイツ，日本，イタリア，カナダおよびヨーロッパ連合（EU）と，(a)国際連合，招待国などが参加する国際会議

○ Ｇ７は，Group of Sevenの略

スライド２

Ｇ７サミットとは

○ 自由，民主主義，(b)人権など基本的価値を共有するＧ７各国の首脳らが意見交換を行い，成果文書をまとめる

○ 毎年開催され，2022年６月には，ドイツで，Ｇ７エルマウ・サミットを開催

スライド３

Ｇ７エルマウ・サミット

○ 議題は，外交・安全保障，気候・エネルギーなど(c)さまざまな地球規模の課題

○ 成果文書に，石炭火力発電の段階的な廃止や，平和と繁栄のための(d)国際的な連携などがまとめられた

スライド４

Ｇ７広島サミット
〈2023年５月開催予定〉

○ Ｇ７広島サミット後の(e)日本の政治への影響や(f)日本経済の動向に注目したい

○ 世界や(g)日本がかかえる課題に関して，私たちにもできること

(1) 下線部(a)は，紛争を平和的に解決するため，紛争の拡大防止や停戦の監視といった平和維持活動を行っています。この活動の略称として最も適当なのは，**ア**～**エ**のうちではどれですか。一つ答えなさい。

ア UNESCO　　**イ** NPO　　**ウ** WHO　　**エ** PKO

(2) 下線部(b)に関して，次の文の□に共通して当てはまる適当なことばを書きなさい。

日本国憲法で保障されている自由権，平等権，社会権などの基本的人権について，日本国憲法第12条には，「国民は，これを濫用してはならないのであつて，常に□のためにこれを利用する責任を負ふ」とあり，□は，人権相互の矛盾や衝突を調整する原理としている。

(3) 下線部(c)について述べた文として適当でないのは，ア～エのうちではどれですか。一つ答えなさい。

ア 世界の国々のうち，先進国の多くが北半球，発展途上国の多くが南半球にあり，南北問題とよばれる経済格差が生じている。

イ 1968年に核拡散防止条約（核兵器不拡散条約）が採択されたが，新たに核兵器を保有する国も存在している。

ウ 京都議定書では，先進国と発展途上国に温室効果ガスの排出量の削減を義務付けたが，アメリカ合衆国の離脱など不十分な点もある。

エ 一人ひとりの人間の生活を守る「人間の安全保障」という考え方が掲げられているが，世界には貧困や飢餓の状態にある人が多くいる。

(4) 下線部(d)に関して，1967年に地域の平和と安定などを目的とし設立され，東南アジアの国々が加盟する，経済や政治などで国家間の協力を進める地域協力機構を何といいますか。

(5) 下線部(e)に関して，①，②に答えなさい。

資料1

	衆議院	参議院
定数	465人	248人
任期	4年	6年
選挙権	18歳以上	18歳以上
被選挙権	25歳以上	30歳以上
解散	あり	なし

衆議院は，任期が短く解散もあることから，国民の多様な［X］と考えられているため，優越が認められている。

資料2

弾劾裁判所の設置は，［A］の権限，役割である。弾劾裁判における「被訴追者」とは，不適任であるとして，訴えられた［B］のことをいう。

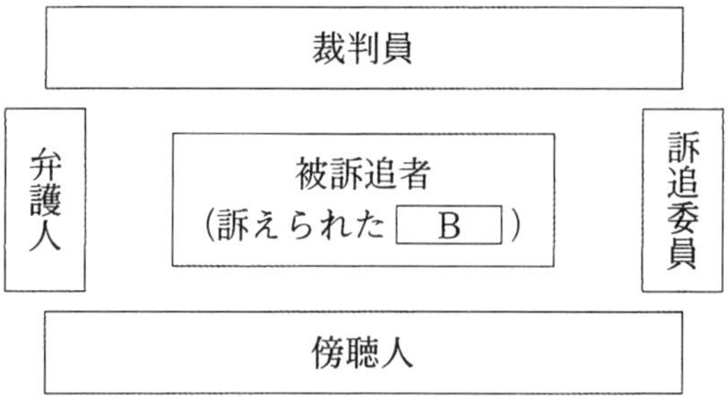

① 資料1の［X］に当てはまる適当な内容を書きなさい。

② 資料2は，弾劾裁判所に関する説明文と略図です。［A］，［B］に当てはまることばの組み合わせとして最も適当なのは，ア～エのうちではどれですか。一つ答えなさい。

ア ［A］：国会　［B］：裁判官

イ ［A］：内閣　［B］：裁判官

ウ ［A］：国会　［B］：検察官

エ ［A］：内閣　［B］：検察官

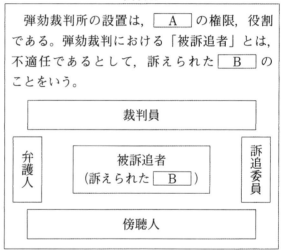

(6) 下線部(f)に関して述べた次のXとYの文について，内容の正誤を表したものとして最も適当なのは，**ア**～**エ**のうちではどれですか。一つ答えなさい。

X　日本の税金のうち，間接税は国税としてすべて国に納めることになっている。

Y　独占禁止法は，企業の公正で自由な競争を保つために制定されている。

ア　X，Yのどちらも正しい。　　**イ**　Xのみ正しい。

ウ　Yのみ正しい。　　**エ**　X，Yのどちらも誤っている。

(7) かなこさんは，下線部(g)に関して，資料3をスライドに加え，発表用の原稿メモを作成しました。［　　　　　　］に当てはまる適当な内容を，資料3から読み取れる情報にふれながら書きなさい。

資料3

各国の一次エネルギー自給率

国名	一次エネルギー自給率（%）
日本	12.0
カナダ	175.3
アメリカ合衆国	104.4
イギリス	71.3

(注) 統計年次は2019年。
一次エネルギー自給率とは，国内で供給される一次エネルギー(石油・天然ガス・石炭・太陽光・水力などのエネルギーのもともとの形態)のうち，自国内で産出・確保できる比率を示す。
(「世界国勢図会 2022/23」から作成)

　G7エルマウ・サミットで議題となったエネルギーは，日本がかかえる課題の一つです。現在の日本は，［　　　　　　］ことで国内の電力やガスなどを供給しているため，紛争などの国際情勢の変化が，物価などに影響をおよぼすことがあります。

　私たちにできることは，エネルギーの無駄遣いがないように節電をしたり，再生可能エネルギーの利用を促進する取り組みに関心を持ったりすることだと考えました。

紙

※

※70点満点
（配点非公表）

4

(1)	
(2)	
(3)	都市名　　　　市
(4)	
(5)	

5

(1)	
(2)	
(3)	
(4)	
(5)①	
(5)②	
(6)	
(7)	

(4)　図2のビカリアは，イカやアサリなどのなかまです。ビカリアのように背骨や節がなく，外とう膜をもつ動物を何といいますか。

(5)　下線部(d)に関して，示準化石の条件を表したものとして最も適当なのは，**ア**～**エ**のうちではどれですか。一つ答えなさい。ただし，は生息していた分布地域や時代（年代）を表しています。

ア

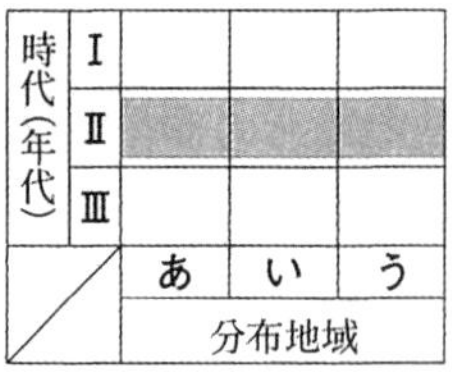

イ

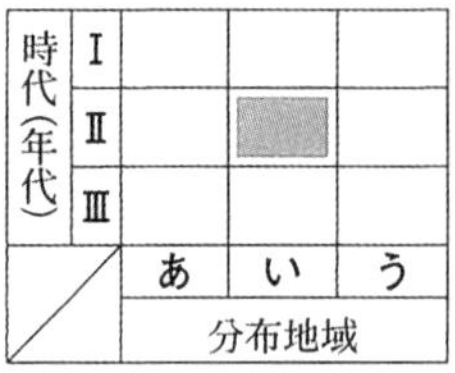

ウ

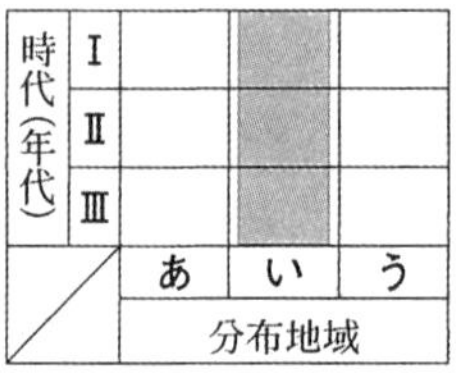

エ

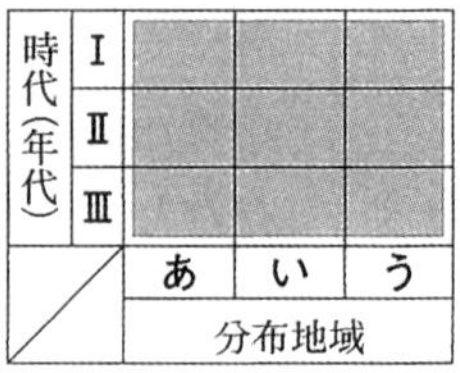

(6)　次の文章は，図1のB層～D層ができた期間に，この地点で起こった環境の変化について説明したものです。文章中の X と Y に当てはまることばの組み合わせとして最も適当なのは，**ア**～**エ**のうちではどれですか。一つ答えなさい。

水の流れによって海に運ばれた土砂は，粒の大きさが X ものほど河口に近いところに堆積して層をつくる。また，地層は下の層ほど古く，上の層ほど新しいので，この地点の環境はB層～D層ができた期間に Y と推定される。

ア　X：小さい　Y：河口から遠く深い海から，近く浅い海に変化した
イ　X：小さい　Y：河口に近く浅い海から，遠く深い海に変化した
ウ　X：大きい　Y：河口から遠く深い海から，近く浅い海に変化した
エ　X：大きい　Y：河口に近く浅い海から，遠く深い海に変化した

(7)　下線部(e)について述べたものとして誤っているのは，**ア**～**エ**のうちではどれですか。一つ答えなさい。

ア　日本列島付近の海底でつくられた地層は，プレートの動きによって，長い年月をかけて変形し，隆起して山地をつくる。

イ　日本列島付近のプレート境界では，プレートどうしが押し合い，地下の岩石が破壊されて地震が起こる。

ウ　プレートが沈みこむと，岩石の一部がとけてマグマができ，マグマが地表まで上昇して火山が噴火する。

エ　プレートによる大きな力を受けて，水平に堆積した地層が，波打つように曲げられて断層ができたり，ずれてしゅう曲ができたりする。

4　花子さんは，下水処理場についてレポートを作成し，実験を行いました。次は，そのレポートと実験の一部です。(1)～(4)に答えなさい。

〈レポートの一部〉

○下水処理場では，微生物のはたらきを利用して，生活排水などの下水に含まれるよごれ（有機物など）を浄化している。

・大きなゴミや沈みやすいよごれを取り除いた下水を反応槽に入れ，活性汚泥を混ぜてポンプで空気を送り込む。

・活性汚泥中には，多くの細菌類や菌類，単細胞生物や多細胞生物などの微生物が存在しており，おもに細菌類や菌類が下水中の有機物を分解する。

活性汚泥中と同様の微生物は，河川などの自然環境中にも存在しているので，川底から採取した微生物を含む泥水を使い，【実験１】と【実験２】を行った。

(1) 川底の泥水を顕微鏡で観察すると，図１のような単細胞生物が観察できました。この生物の名称を答えなさい。

(2) 顕微鏡で観察を行ったとき，図２の視野の★の位置に観察対象が見えました。観察対象が視野の中央にくるように，ステージ上にあるプレパラートを動かす向きは，図２のア～エのうちではどれですか。一つ答えなさい。

図１

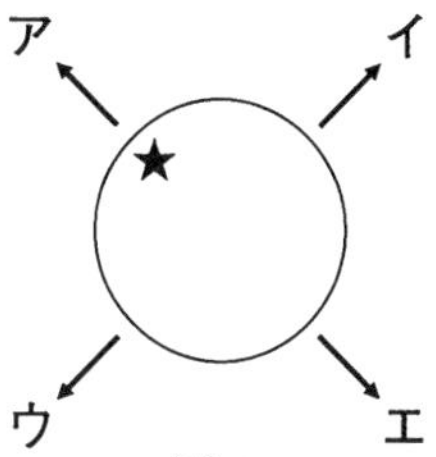

図２

【実験１】

1．下水に含まれる有機物の代わりとしてデンプンを水に溶かし，３つの容器（容器X，Y，Z）に同量ずつ，十分に空気が残るように入れた。

2．図３のように，容器Xには水，容器Yには未処理の泥水，容器Zには100℃で十分に加熱した泥水を加え，密閉して暗所で数日放置した。

3．５日目に各容器の中の気体と液体をそれぞれ取り出し，気体は石灰水に通し，液体には［　P　］を加え，変化を表１に記録した。

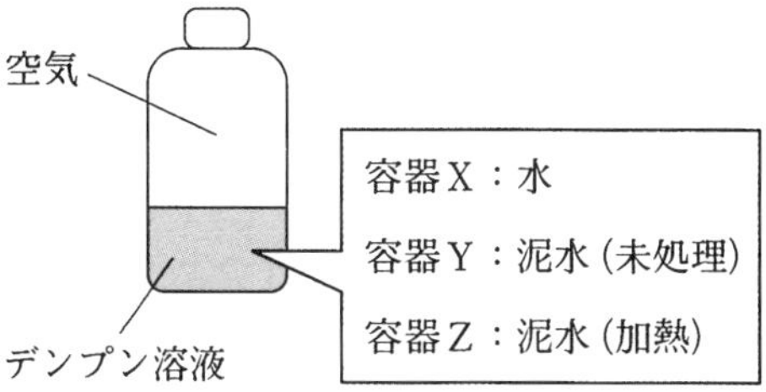

図３

表１

	石灰水	P
容器X	ほとんど変化なし	青紫色に変化した
容器Y	白く濁った	変化なし
容器Z	ほとんど変化なし	青紫色に変化した

【実験２】

１．【実験１】と同様に，デンプン溶液の入った容器Ａ，Ｂ，Ｃ，Ｄをつくった。

２．図４のように，容器ＡとＢには水を加え，容器ＣとＤには未処理の泥水を加えて，容器ＢとＤにはエアーポンプで空気を送り込みながら，すべて暗所に置いた。

３．一定時間ごとに容器内の液体を少量取って [P] を加え，色の変化を表２に記録した。

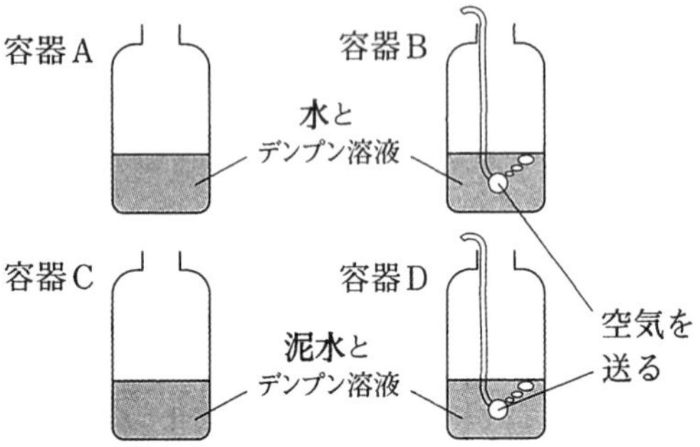

図４

表２

	１日目	２日目	３日目	４日目	５日目
容器Ａ	○	○	○	○	○
容器Ｂ	○	○	○	○	○
容器Ｃ	○	○	○	○	×
容器Ｄ	○	○	×	×	×

○：青紫色に変化した　×：変化なし

(3) 【実験１】と【実験２】の [P] に当てはまる適当な薬品は，**ア**～**エ**のうちではどれですか。一つ答えなさい。

ア　ＢＴＢ溶液　　**イ**　酢酸オルセイン溶液　　**ウ**　ベネジクト液　　**エ**　ヨウ素液

(4) 次の文章は，考察とまとめの一部です。①，②に答えなさい。

【実験１】から，微生物によりデンプンが分解され，[(a)] が発生したと考えられる。また，【実験２】から，微生物によるデンプンの分解は，空気を送り込むことで促進されていることがわかる。微生物は，[(b)] によりデンプンなどの有機物を分解していると考えられ，空気を送り込むことで微生物に [(c)] を供給し，活発に [(b)] を行わせて，効率よく有機物を分解させることができる。

河川などに存在する微生物も有機物を分解しており，河川にも浄化作用があることがわかった。しかし，生活排水に含まれる有機物の量は多いので，そのまま河川に排出すると，[(d)] ため，水質汚濁などを引き起こす場合があり，下水処理場などで浄化する必要がある。

① [(a)] ～ [(c)] に当てはまる最も適当な語は，**ア**～**オ**のうちではどれですか。それぞれ一つ答えなさい。

ア　有機物　　**イ**　酸素　　**ウ**　二酸化炭素　　**エ**　呼吸　　**オ**　光合成

② [(d)] に適当な内容を書いて，まとめを完成させなさい。

5 次は，サイエンス部に所属する太郎さんと先生の会話と，電池に関する実験です。(1)～(6)に答えなさい。

〈会話〉
先生：太郎さん，前回の実験を覚えていますか。
太郎：はい，３種類の金属について，陽イオンへのなりやすさを確認しました。

【前回の実験】
図１のように，銅，マグネシウム，亜鉛の金属板を水溶液に入れたときの，金属板の表面の様子を表にまとめた。

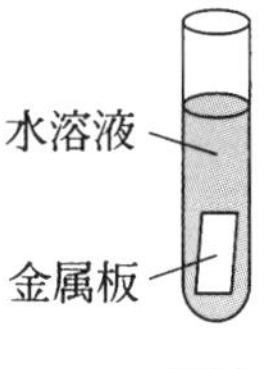

図１

表

	硫酸銅水溶液	硫酸マグネシウム水溶液	硫酸亜鉛水溶液
銅		変化しなかった	変化しなかった
マグネシウム	銅が付着した		亜鉛が付着した
亜鉛	銅が付着した	変化しなかった	

先生：【前回の実験】をもとにして，図２のような電池Aをつくることができますよ。
太郎：すごい。プロペラが回りました。こんなに簡単に電池をつくることができるんですね。
先生：電池のしくみには金属の陽イオンへのなりやすさが関係しているので，２種類の金属と電解質を組み合わせることで電池をつくることができます。

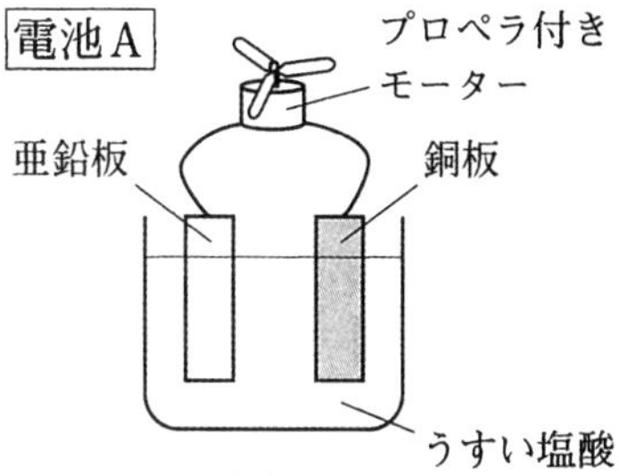

図２

(1) 【前回の実験】について，３種類の金属のうちで，最も陽イオンになりやすい金属の名称を答えなさい。

(2) 電池Aにおいて，銅板は＋極と－極のどちらになるかを答えなさい。

(3) 電池Aについて，プロペラ付きモーターが回っているときの，水溶液中に含まれる金属イオンの数の変化として最も適当なのは，ア～ウのうちではどれですか。一つ答えなさい。

ア　増加する　　イ　変わらない　　ウ　減少する

〈会話〉

太郎：あれ，プロペラが回らなくなってしまいました。

先生：長い時間，電気エネルギーを取り出すための工夫が必要ですね。

太郎：先生，インターネットで調べると，改良された電池が見つかったので，実験してみます。

【実験１】

図３のような電池Ｂをつくり，プロペラ付きモーターをつなげて，電池Ａとプロペラの回転を比較した。

電池Ａと電池Ｂで，回転の勢いに大きな違いは確認できなかったが，電池Ａよりも電池Ｂの方が，長い時間プロペラが回転した。

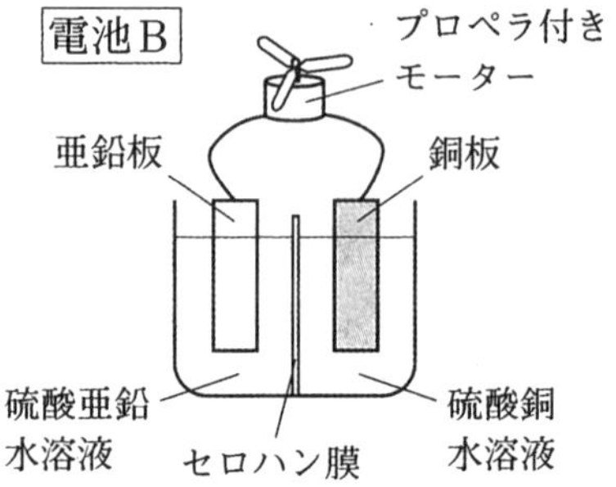

図３

(4)　電池Ｂの銅板付近の様子を表したモデルとして最も適当なのは，**ア**～**エ**のうちではどれですか。一つ答えなさい。ただし，⊖は電子を，◯は原子を，◯$^{2+}$と◯$^{2-}$はイオンを表しています。

ア

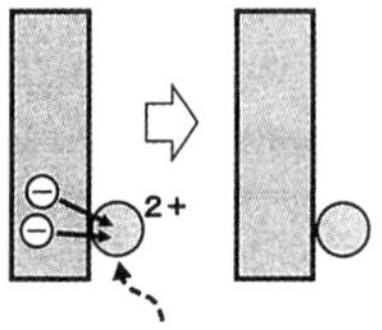

イ

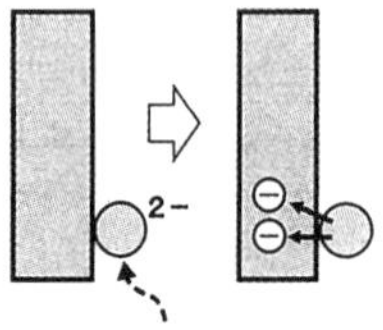

ウ

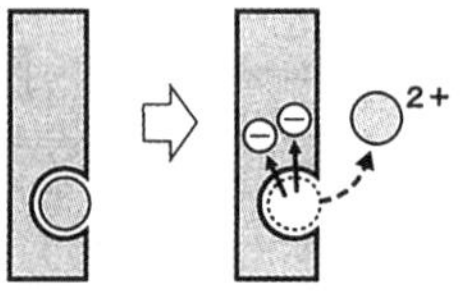

エ

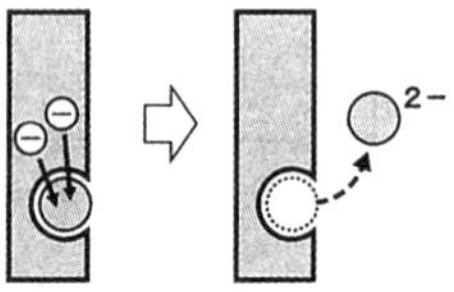

(5)　電池Ｂについて，さらに長い時間プロペラを回転させる方法として最も適当なのは，**ア**～**エ**のうちではどれですか。一つ答えなさい。

ア　セロハン膜をガラス板に変える。

イ　亜鉛板を銅板に変える。

ウ　硫酸銅水溶液の濃度を小さくする。

エ　硫酸銅水溶液の濃度を大きくする。

〈会話〉

太郎：プロペラをもっと勢いよく回転させることはできますか。

先生：それなら，電圧を大きくしたいですね。電池では，使用する２種類の金属の陽イオンへのなりやすさの差が大きい方が，電圧が大きくなります。

太郎：電池に用いる金属の組み合わせを変えれば，電圧が変わるということですね。【前回の実験】を生かして実験してみます。

先生：実際に使われている電池でも，＋極と－極に使用する物質や使用する電解質を工夫しています。組み合わせを工夫してみてください。

【実験２】

図４のような電池Ｃと電池Ｄをつくり，電池Ｂ，電池Ｃ，電池Ｄのそれぞれに電圧計をつなげて電圧を測定した。

電圧は，電池Ｂが 1.1 V，電池Ｃが 1.6 V，電池Ｄが 1.8 V であった。

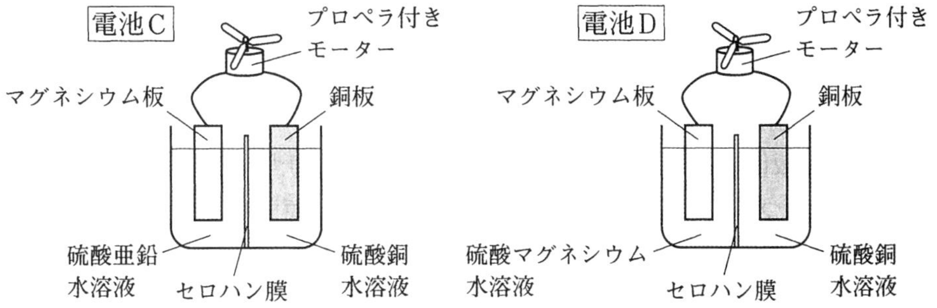

図４

(6) 次の文は，電池Ｄに比べて，電池Ｃの電圧が小さかった理由を説明したものです。[(a)]～[(c)]に当てはまる最も適当なことばは，**ア**～**ク**のうちではどれですか。それぞれ一つ答えなさい。

電池Ｃのマグネシウム板の表面で，[(a)]が放出した電子を[(b)]が受け取るため，銅板側に電子が[(c)]なり，電池Ｃの電圧が電池Ｄよりも小さくなった。

ア　マグネシウム原子　　**イ**　亜鉛原子　　**ウ**　銅原子

エ　マグネシウムイオン　　**オ**　亜鉛イオン　　**カ**　銅イオン

キ　移動しやすく　　**ク**　移動しにくく

紙

※

※70点満点
（配点非公表）

（W）

（%）

の法則

（J）

$_3$ + ［　　　］ → $CaCl_2 + H_2O$ + ［　　　］

4

(1)	
(2)	
(3)	
(4)①	(a)　　(b)　　(c)
(4)②	

5

(1)	
(2)	極
(3)	
(4)	
(5)	
(6)	(a)　　(b)　　(c)

（Ⅰ）

※教英出版注
音声は，解答集の書籍ＩＤ番号を教英出版ウェブサイトで入力して聴くことができます。

1　聞き取り検査

問題Ａ　次の英文が２回読まれるのを聞いて，問題用紙の指示に従って答える。

(1)

My family has two dogs. Tetsu is white and Nana is black. Nana is bigger than Tetsu.

(2)

My father's birthday is July 13.

問題Ｂ　次の英文が２回読まれるのを聞いて，問題用紙の指示に従って答える。

Tomorrow we will visit three places. First, we will go to a lake. There is a good restaurant to eat breakfast. Next, we will visit a large park. It is a very popular place, because we can see beautiful mountains from there. Then, we will go to a market. You can buy a lot of apples. Please come here at eight in the morning.

問題は，次のページに続きます。

4　ALT（外国語指導助手）のLee先生の英語の授業で，Tomoki，Suzu，Kanakoが，姉妹校（sister school）の生徒に向けて制作する動画について，グラフを見ながら話し合いをしています。次の英文は，話し合いと，それを聞いてSuzuが授業で書いたノートの一部です。(1)～(5)に答えなさい。

■話し合い

Ms. Lee : Last class, I asked you to make a short video for the students at our sister school in Australia. Do you have any ideas about the topic ?

Tomoki : Yes, of course. Look at (あ)this graph. It shows what they want to know about our town or school. About forty percent of the students are interested in food. Let's make a video about delicious Japanese food restaurants in our town.

Suzu : That's a nice idea. However, I think that it ((い)them / is / to / for / difficult) come to Japan. Also, they only see the food in our video, and they can't eat it. If I were them, I would be sad.

Kanako : Then, why don't we choose a different topic ? In the same graph, more than thirty percent of the students want to know about fashion. Our school has different uniforms for summer and winter. I really want to show them. They don't have uniforms, right ?

Tomoki : Wait. Ms. Lee, is that true ? We have never met them, but I hear that schools in Australia usually have uniforms.

Ms. Lee : In April, a teacher at our school showed me pictures that were taken at our sister school. In them, the students at our sister school wore uniforms like you.

Suzu : Oh, no. [(う)]

Kanako : I don't think so. Though they wear school uniforms, I want to show them our uniforms.

Suzu : Well, please think about the students who will watch our video. If our topic is not unique to them, it will not be interesting.

Kanako : I see. Then, how about our sports festival ?

Tomoki : Good. Twenty-five percent of the students are interested in sports. Also, this is the best chance to make a video about it, because we'll have the event next month. Ms. Lee, do they have a school event like our sports festival ?

Ms. Lee : No, they don't. I think that our sports festival is unique, and they will be surprised. A teacher at our sister school says that they have an event called "Sports Day." [ア] However, in our school, every student joins the sports festival and dances to music. Last year I saw your great dance performance. That was my first time. [イ] It was really exciting. Will you dance at the sports festival this year again ? [ウ]

Kanako : Yes. We started to practice yesterday.

Tomoki : Ms. Lee, thank you for telling us the big difference. Why don't we show them our unique event ?

Suzu : OK. Let's make a video about it.

■ Suzu が授業で書いたノートの一部

> Today, we chose a topic for the short video. We will introduce our sports festival to the students at our sister school, because [(え)]. I will practice hard to make our dance performance wonderful.

〔注〕 fashion　ファッション　　　chance　機会　　　to music　音楽に合わせて

(1) 下線部(あ)の graph として最も適当なのは，ア～エのうちではどれですか。一つ答えなさい。

ア

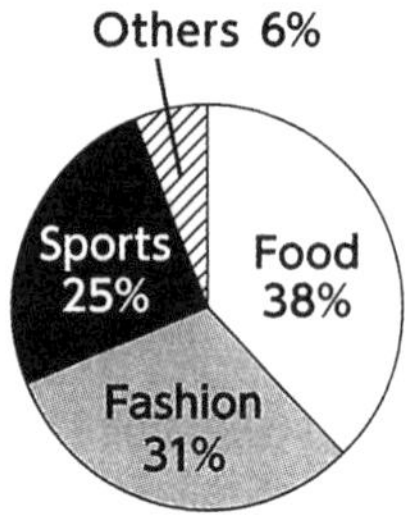

イ

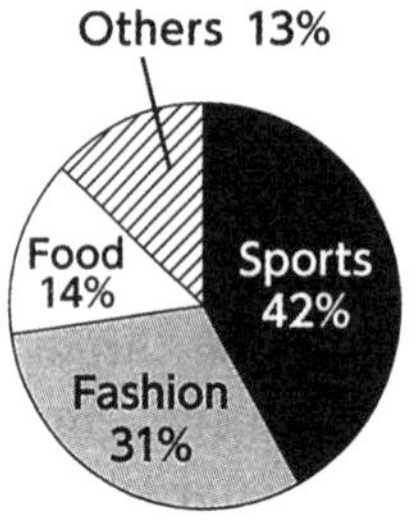

ウ

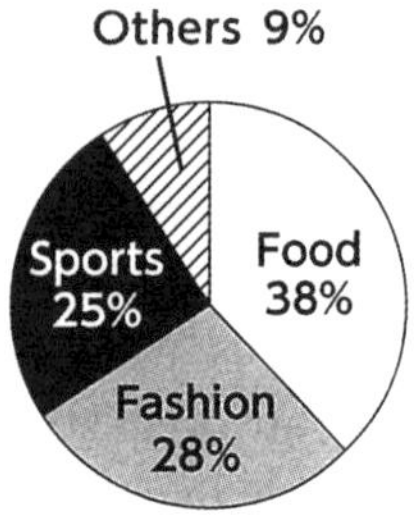

エ

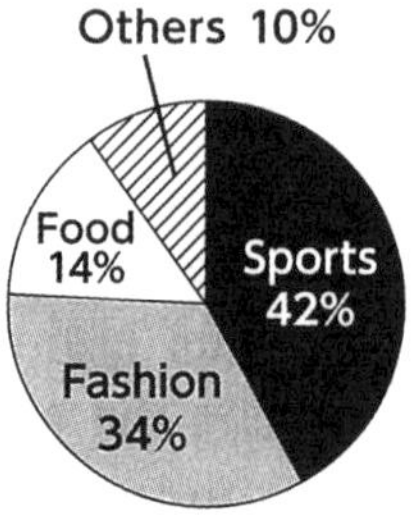

(2) 下線部(い)の語をすべて用いて，意味が通るように並べ替えなさい。

(3) [(う)] に入れるのに最も適当なのは，ア～エのうちではどれですか。一つ答えなさい。

ア　Australia has four seasons like Japan.

イ　We should change the topic.

ウ　Ms. Lee has seen their pictures.

エ　Our school has uniforms.

(4) 次の英文を入れるのに最も適当なのは，話し合いの中のア～ウのうちではどれですか。一つ答えなさい。

On that day, only the students who want to join the event come to school.

(5) [(え)] に入れるのに最も適当なのは，ア～エのうちではどれですか。一つ答えなさい。

ア　their school does not have “Sports Day”

イ　they joined the event with us last year

ウ　we want to show them something unique

エ　our sports festival has just finished

5　次の英文は，Akari が英語の授業で発表したスピーチ原稿です。(1)～(6)に答えなさい。

Today I want to tell you what I learned from my aunt, (あ)Fuyumi Yamaoka. She is a professional pianist. When she was twelve years old, her family started to live in Germany because of her father's job. Now, she goes to many places in the world for concerts and she can speak four languages. She knows a lot of things about many different countries.

When she comes to Japan, she sometimes visits my parents and me. Though I can't play the piano, I like to talk with her. One day, when we were listening to her CD, she talked about the music and its composer. She said, "The composer lived near a large river. When he was worried about something, he always looked at it. His music expresses how the beautiful river runs through the mountains in his country." She showed me some photos of the river on the Internet, and talked more about his country. She said, "To understand things that composers want to express in their music, I learn about the culture and history of their country. In (い)this way, I communicate with composers when I play the piano."

My aunt also communicates with other musicians through music and words when she plays the piano with an orchestra. To share the same image of the music, she listens to the sound of other musicians carefully and talks a lot with them about the music. Now I understand why she can [(う)]. There are many musicians from different countries. She tries to use their languages to communicate with them. By doing so, she can understand them deeply. She also told me the difference between sound and harmony. When musicians in the same orchestra can't [(え)], music is just sound. They have different images of the music. However, when they can communicate well, different sounds become one beautiful harmony.

My aunt needed some time to make her performance great. When she was young, she practiced the piano hard every day. Though she improved her skills, she still thought that something was missing from her performance. [(お)] The teacher wanted her to realize its meaning by herself. She said, "I thought about the meaning of the advice a lot. Now I understand that listening to others means communicating with composers and other musicians. That helps me improve my performance and myself. I can't imagine my life without the piano. It makes my life full of happiness."

I realize why my aunt's performance is beautiful. Her piano shows how she lives. Through music, she is interested in a lot of things and she communicates well with others. She found her way to open a door to meet many wonderful things and people. That way was playing the piano. You may think, "She is special because she is a professional pianist." However, I don't think so. All of us can also [(か)] to a new world in our own ways. I believe that we can find something, just like my aunt.

〔注〕
professional　プロの，本職の　　pianist　ピアニスト　　Germany　ドイツ（国名）
composer　作曲家　　run　流れる　　orchestra　オーケストラ
image　イメージ　　deeply　深く　　harmony　ハーモニー，調和
missing　欠けている　　by herself　彼女自身で

(1) 下線部(あ)について，同じ段落で紹介されている内容として，当てはまらないものは，ア～エのうちではどれですか。一つ答えなさい。

ア Akariのおばである。　　イ 12歳の時にひとりでドイツに留学した。

ウ 演奏会で世界中を訪れている。　　エ 様々な国について多くのことを知っている。

(2) 下線部(い)の具体的内容を説明する次の文の［　①　］，［　②　］にそれぞれ適当な日本語を入れなさい。

作曲家が［　①　］ことを理解するために，作曲家の国の［　②　］を学ぶということ。

(3) ［　(う)　］，［　(え)　］に入れる英語の組み合わせとして最も適当なのは，ア～エのうちではどれですか。一つ答えなさい。

ア (う) teach children the piano well　　(え) have concerts in foreign countries

イ (う) teach children the piano well　　(え) understand each other

ウ (う) speak four languages　　(え) have concerts in foreign countries

エ (う) speak four languages　　(え) understand each other

(4) ［　(お)　］に次の三つの英文を入れるとき，本文の流れが最も適当になるようにア～ウを並べ替えなさい。

ア At first, she didn't understand the meaning of the advice, so she asked the teacher a question about it.

イ However, the teacher didn't answer the question.

ウ Then, one of her teachers said to her, "You can listen to others more."

(5) ［　(か)　］に入れるのに最も適当な英語3語を，同じ段落から抜き出して書きなさい。

(6) 本文の内容と合っているのは，ア～オのうちではどれですか。当てはまるものをすべて答えなさい。

ア When Akari's aunt comes to Japan, she always meets Akari.

イ Akari saw photos of a large river with her aunt.

ウ When Akari's aunt was young, she felt that her performance needed something more.

エ Akari's aunt does not understand the meaning of her teacher's advice.

オ Akari thinks that playing the piano is the only way to be special.

用　紙

※

※70点満点
（配点非公表）

3

(1)	
(2)	

4

(1)	
(2)	
(3)	
(4)	
(5)	

5

(1)	
(2)①	
(2)②	
(3)	
(4)	→ →
(5)	
(6)	

(2)　太郎さんが洋菓子店に行くと，プリンが売り切れていたので，代わりに1個120円のシュークリームと1個90円のドーナツを，1500円すべてを使い切って買うことにしました。①，②に答えなさい。

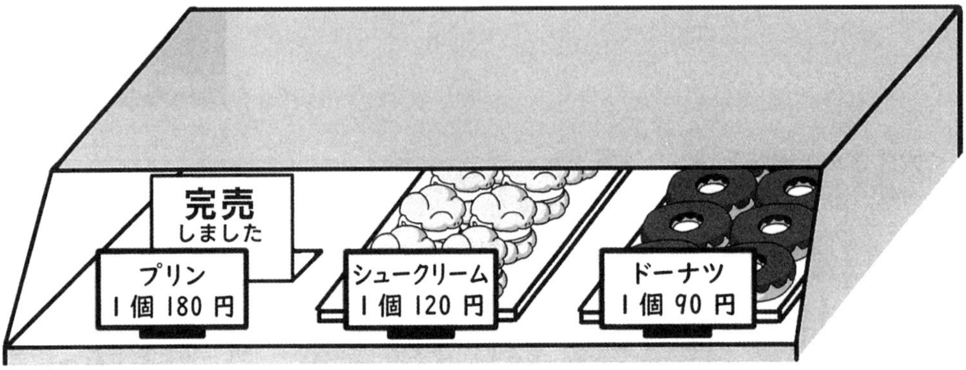

①　太郎さんは，シュークリームとドーナツをそれぞれ何個か買い，代金の合計が1500円になる買い方について，次のように考えました。□には同じ数が入ります。□に適当な数を書きなさい。

＜太郎さんの考え＞

まず，次の数量の間の関係を等式で表します。

> 1個120円のシュークリームをa個と1個90円のドーナツをb個買うときの代金の合計が1500円である。

次に，この等式を満たすa，bがどちらも0以上の整数である場合を考えます。そのようなa，bの組は，全部で□組あります。

よって，シュークリームとドーナツをそれぞれ何個か買い，代金の合計が1500円になるような買い方は，全部で□通りあります。

②　シュークリームとドーナツがどちらも8個ずつ残っているとき，それぞれ何個買うことができるかを求めなさい。

4 太郎さんは，パラボラアンテナに放物線の性質が利用されていることを知り，放物線について考えています。

パラボラアンテナの写真

＜太郎さんが興味を持った性質＞

パラボラアンテナの形は，放物線を，その軸を回転の軸として回転させてできる曲面です。

この曲面には，図１の断面図のように軸に平行に入ってきた光や電波を，ある１点に集めるという性質があります。

この点のことを 焦点 といいます。

また，光や電波がこの曲面で反射するとき，

入射角＝反射角

となります。

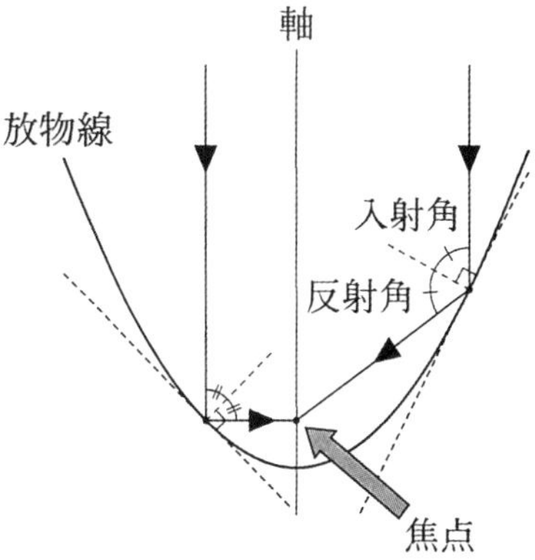

図１

このとき，図２のように，点Ｐや点Ｑを同時に通過した光や電波は，曲面上の点Ａや点Ｂで反射し，同時に焦点Ｆに到達します。光や電波の進む速さは一定なので，

ＰＡ＋ＡＦ＝ＱＢ＋ＢＦ

が成り立ちます。このことは，光や電波が，図２の破線上のどの位置を通過しても成り立ちます。

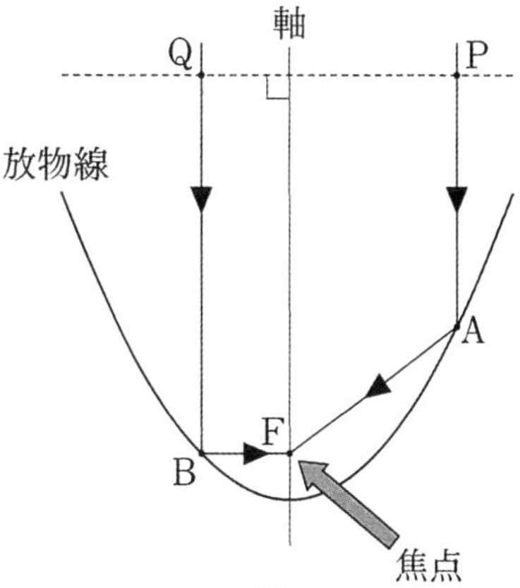

図２

図3は，**＜太郎さんが興味を持った性質＞**を座標平面上に表したものです。図3と**【図3の説明】**をもとに，(1)～(3)に答えなさい。

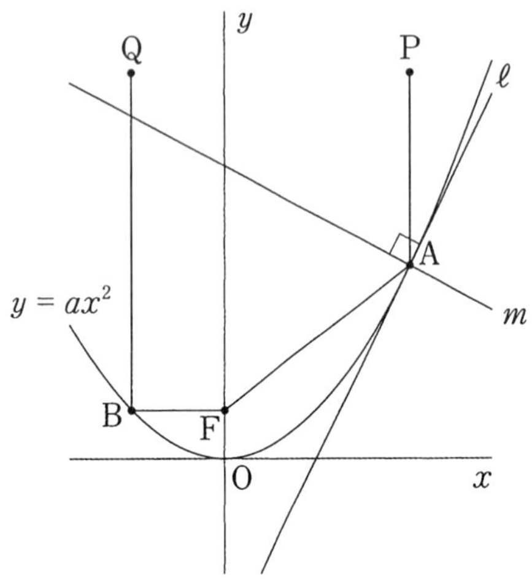

図3

【図3の説明】

- 2点A，Bは関数 $y = ax^2$（a は定数）のグラフ上の点
- 点Aの座標は（4，4）
- 点Bの x 座標は -2
- 点Fの座標は（0，1）
- 点Pの座標は（4，8）
- 点Qの座標は（-2，8）
- 直線 m は∠ＰＡＦの二等分線
- 直線 ℓ は点Aを通り，直線 m と垂直に交わる直線
- 点Oは原点

(1) 関数 $y = ax^2$ について，①，②に答えなさい。

① a の値を求めなさい。

② x の変域が $-2 \leqq x \leqq 4$ のとき，y の変域を求めなさい。

(2) 次の □ には8より小さい同じ数が入ります。□ に適当な数を書きなさい。

> ＰＡ＋ＡＦの値は，点Ｐと点（ 4 ， □ ）の間の距離と等しい。
> ＱＢ＋ＢＦの値は，点Ｑと点（-2， □ ）の間の距離と等しい。

(3) 直線 ℓ の方程式を求めなさい。

5　太郎さんは，正五角柱の形をしたケーキを４等分したいと考えています。**＜太郎さんの考え＞**を読み，(1)～(3)に答えなさい。

＜太郎さんの考え＞

図１の正五角形ＡＢＣＤＥは，ケーキを真上から見たときの模式図です。

ケーキを４等分するために，正五角形ＡＢＣＤＥの面積を４等分する線分を考えます。

はじめに，点Ａから辺ＣＤに垂線ＡＦをひくと，線分ＡＦは正五角形ＡＢＣＤＥの面積を２等分します。

次に，点Ｂを通り，四角形ＡＢＣＦの面積を２等分する直線を考えます。点Ｃを通り，直線ＢＦに平行な直線と，直線ＡＦとの交点をＰとします。このとき，△ＢＣＦの面積と［(あ)］の面積が等しいから，四角形ＡＢＣＦの面積は［(い)］の面積と等しくなります。したがって，［(う)］を点Ｑとすると，線分ＢＱは四角形ＡＢＣＦの面積を２等分します。

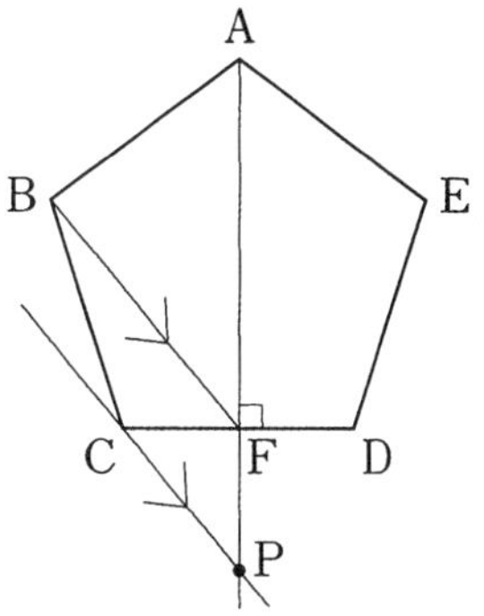

図１

同じように考えて，線分ＥＱは四角形ＡＥＤＦの面積を２等分します。

以上のことから，線分ＡＦ，線分ＢＱ，線分ＥＱにより，正五角形ＡＢＣＤＥの面積は４等分されます。

(1)　［(あ)］，［(い)］に当てはまるものとして最も適当なのは，**ア**～**カ**のうちではどれですか。それぞれ一つ答えなさい。

ア　△ＣＰＦ　　**イ**　△ＢＰＦ　　**ウ**　△ＢＣＰ
エ　△ＡＣＰ　　**オ**　△ＡＢＰ　　**カ**　四角形ＢＣＰＦ

(2)　［(う)］に当てはまるものとして最も適当なのは，**ア**～**エ**のうちではどれですか。一つ答えなさい。

ア　直線ＢＥと直線ＡＦとの交点　　**イ**　線分ＡＦの中点
ウ　線分ＡＰの中点　　**エ**　直線ＢＤと直線ＡＦとの交点

(3)　太郎さんは，下線部について，点Cを通り，直線ＢＦに平行な直線を**＜作図の手順＞**に従って作図し，作図した直線と直線ＢＦは平行であることを次のように説明しました。①，②に答えなさい。

＜作図の手順＞

手順1）点Cを中心として，線分ＢＦの長さと等しい半径の円Mをかく。
手順2）点Fを中心として，線分ＢＣの長さと等しい半径の円Nをかく。
手順3）図2のように，2つの円の交点の1つをGとし，直線ＣＧをひく。

＜作図した直線と直線ＢＦは平行であることの説明＞

図2において，

△ＢＣＦ≡△ＧＦＣ

となり，

対応する角は等しいから，

∠ＢＦＣ＝∠ＧＣＦ

よって，［(え)］が等しいので，

ＢＦ//ＣＧ

となります。

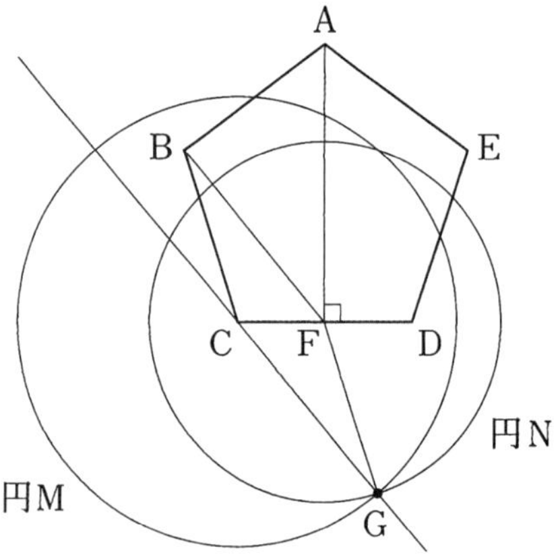

図2

①　△ＢＣＦ≡△ＧＦＣを証明しなさい。

②　［(え)］に当てはまるものとして最も適当なのは，**ア**～**エ**のうちではどれですか。一つ答えなさい。

ア　対頂角　　**イ**　同位角　　**ウ**　錯角　　**エ**　円周角

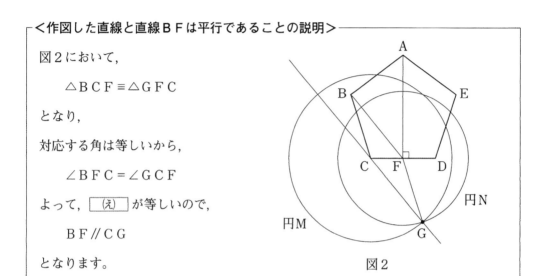

受検番号	(算用数字)	志願校	

解

注意　1　答えに$\sqrt{\ }$が含まれるときは，$\sqrt{\ }$をつけたままで答えなさい。
また，$\sqrt{\ }$の中の数は，できるだけ小さい自然数にしなさい。
2　円周率はπを用いなさい。

1

(1)	
(2)	
(3)	
(4)	
(5)	
(6)	ある正の整数をxとすると，
(7)	
(8)	
(9)	
(10)	(cm^2)

2

3

4

令和５年度学力検査［第Ⅰ期］

数　　学　(45分)

受検上の注意

1　「始めなさい。」の指示があるまで，問題を見てはいけません。

2　解答用紙は，この表紙の裏面です。

3　指示があったら，解答用紙と問題用紙を全部調べなさい。
問題用紙は１ページから10ページにわたって印刷してあります。もし，ページが足りなかったり，やぶれていたり，印刷のわるいところがあったりした場合は，手をあげて監督の先生に言いなさい。そのあと，指示に従って解答用紙に受検番号，志願校名を書き入れてから始めなさい。

4　解答用紙の定められたところに，記号，数，式，ことば，文章などを書き入れて答えるようになっていますから，よく注意して，答えを書くところや書き方をまちがえないようにしなさい。

5　答えが解答欄の外にはみ出したり，アかイかよくわからない記号を書いたりすると，誤答として採点されることがあります。

6　解答用紙に印刷してある ■ や ［※］ には，なにも書いてはいけません。

7　メモなどには，問題用紙の余白を利用しなさい。

8　「やめなさい。」の指示があったら，すぐに書くのをやめ，解答用紙を机の上に広げて置きなさい。問題用紙は持ち帰りなさい。

9　解答用紙は，検査室からいっさい持ち出してはいけません。

ⓒみんなの文学への参加の要領をつかんだ時、清少納言から千年隔っている現代のわれわれに、『枕草子』の世界が開放され、千年の時間差が解消するのだと思われる。

（出典　渡辺《わたなべ》実《みのる》「新日本古典文学大系25　枕草子」）

（注）
基調――作品の根底に流れる基本的な考え方や傾向。
諒解――「了解」に同じ。
宮仕え女房――宮中や貴族の屋敷に仕えた女性。
述作――本などを書きあらわすこと。また、その本。

(1)　═の部分A～Eのうち、歴史的かなづかいを含むものはどれですか。当てはまるものをすべて答えなさい。

(2)　[ⓐ]に入れることばとして最も適当なのは、**ア**～**エ**のうちではどれですか。一つ答えなさい。

ア　除　**イ**　隠　**ウ**　隅　**エ**　陰

(3)　ⓑ『枕草子』が……となった」とありますが、筆者の考える『枕草子』と『源氏物語』の違いについて整理した次の表の[X]、[Y]に入れるのに適当なことばを、文章中からそれぞれ二字で抜き出して書きなさい。

『枕草子』	「をかし」の文学。自分の内にとどめず[X]するような、非[Y]的な感情を基調とする。
『源氏物語』	「あはれ」の文学。自分の中でしみじみと味わうような、[Y]的な情緒を基調とする。

(4)　ⓒ「みんなの文学」とありますが、ここで筆者が『枕草子』を「みんなの文学」と表現した理由を説明したものとして最も適当なのは、**ア**～**エ**のうちではどれですか。一つ答えなさい。

ア　清少納言が仲間の助言を受けて書き記した作品であり、述語さえわかれば、現代でも読者は清少納言たちの宮中での生活を理解できるから。
イ　清少納言が仲間と協力して作り上げた作品であり、述語を補足すれば、現代でも読者は清少納言の心情に寄り添って読むことができるから。
ウ　清少納言が仲間に支えられて完成させた作品で、省略された主題を補えば、現代の読者も清少納言やその仲間たちと感情を共有できるから。
エ　清少納言が仲間を読者とみなして執筆した作品で、主題を理解できれば、現代の読者も清少納言たちと同様に余韻に浸ることができるから。

3 次の文章を読んで、(1)〜(6)に答えなさい。

私のなかの「非合理的に見える進化を遂げた動物ランキング」で堂々の第1位に輝くのは、「ウ」である。川や海に生息し、黒光りした美しい羽をもつ、比較的身近な水鳥だ。（中略）

ペンギンをはじめとする潜水性の鳥類は、羽に〝撥水《はっすい》加工〟をほどこすことを紹介した。尾羽の近くから分泌される皮脂を全身に塗り、水をはじくようにする、いわゆる「羽づくろい」のことだ。これにより、長時間潜水したあとでも、上陸して体をぶるぶると震わせれば、羽の表面についた水滴をはじきとばし、あっというまに乾かすことができる。雨の日にレインコートを着て外出するのと似たようなものだ。帰宅後にバサバサと振れば、付着した雨粒は飛んでいって、レインコートはすぐに乾く。

このような撥水加工の利点のひとつは、断熱効果が高まることだ。潜った際に羽が濡《ぬ》れてしまうと、周囲の冷たい水が皮膚に直接触れ、どんどん体温を奪われてしまう。羽が濡れないようにすることで、体のまわりに「空気を含む羽の層」を作り、空気の断熱効果によって体温の低下を防止することができるのだ。入浴後のドライヤーが面倒臭くて、つい放置して湯冷めしてしまう私からすると、なんともうらやましい仕組みだ。

［ⓐ］、だ。ウの仲間は、潜水性の鳥類でありながら、羽の撥水能力が非常に低く、潜ったあとはびっしょりと濡れてしまう。皮脂を分泌する器官（尾脂腺）は存在しているし、ほかの種と同じように羽づくろいもするのだけれど、羽の構造が水を吸いやすいようになっているのだ。

前述したとおり、羽が濡れていると体が冷えてしまう。水を吸った羽は重くて、空を飛ぶのも難しくなる。そのためウは、潜水後、翼を左右に大きく広げ、乾くまでじっと待ちつづける。日あたりや風の強さによって翼を広げる時間が変化するらしく、ⓑ洗濯物を干すかのようだ。（中略）

ほかの潜水性鳥類があっというまに体を乾かす様子と比べると、ⓒなんだかとっても非合理的で、「これはさすがに劣化なのでは……」なんて思ってしまう。

では、彼らはなぜそんな進化を遂げてしまったのだろうか？

まだわかっていない部分もあるようだが、濡れてしまう羽にはひとつだけ確実なメリットが存在している。水をはじいて空気の層を作ることができないため、圧倒的に潜りやすいのだ。空気の層が増えれば増えるほど浮力は増し、潜水することは難しくなる。撥水加工をした羽で潜るというのは、ライフジャケットを着たまま潜るようなものなのだ。

しかも、近年の研究により、ウの羽は完全に水没してビショビショになるのではなく、ほんのわずかに濡れない部分があることが報告されている。羽は、「瞬時に濡れる外側部分」と「防水性の高い内側部分」の2層構造になっていて、どうやら最低限の空気の層は確保しているようなのだ。

つまりウの仲間の羽は、潜りやすく、かつある程度は体温を維持できるような〝いいとこ取り〟の構造になっているらしい。潜水後、羽を広げて乾かすことは、その代償なのだ。そう思うと、ⓓコミカルに見えていた「乾燥のポーズ」が、堂々と胸を張った立派な立ち姿に見えるような気がしてくる。それでもやっぱり、どこか滑稽でかわいらしくも感じてしまうけれど。

ちなみに、このことを示した研究論文の中では、「ウの羽は撥水性がない」というネガティブな表現ではなく、「ウの羽は水との親和性が高い（水が付着しやすい）」というポジティブな書き方になっている。世の真理は多面的で、見ようによっては真逆のとらえ方になるということをつくづく痛感する。ビショビショになってしまうウの羽は、けっしてペンギンの羽に劣っているわけではないのだ。

進化という言葉は、一般的には、「強くなること」「洗練されること」「進歩すること」といったニュアンスで使われることが多い。一方、退化という言葉は、進化の対義語として扱われ、劣化に近いネガティブな意味合いで使われている。

ところが生物学では、進化と退化は反対の概念ではなく、退化も〝進化の一部〟として扱われる。

たとえばウマの仲間は、進化の過程で中指以外の指が退化して小さくなり、いまでは中指が変化してできた1本のひづめだけになってしまった。指の減少は「退化」と呼ばれるが、こうした変化は、走行に適した「進化」でもある。生物学において、進化とは世代を超えて起きた「変化」のことで、変化の方向がプラスかマイナスかは関係ないのだ。

ⓔ、生物の身体構造の変化にプラスやマイナスという概念は存在するのだろうか。一本指のウマは、安定して力強く地面を蹴って走ることができる代わりに、物をつかむことはできない。水に濡れるウの羽は、潜りやすい代わりに、潜水後は羽を乾かさなくてはならない。生息する環境や行動が変われば、「適応的な構造」も変化する。優先事項が異なるもの同士を比較して、どちらが良いのかジャッジすることなど不可能だ。

このような「あちらを立てればこちらが立たぬ」という状況は、生物の進化において頻繁に生じている。ある面では生存に有利な良い構造であっても、別の側面ではむしろ悪い効果をもたらす、というケースは意外に多いのだ。（中略）

さまざまな生き物の体の構造を見比べていくと、メリットのみの進化なんてごくごく一部の例外なのではないだろうかと思わされる。さまざまな制約があるなかで、デメリットを受け入れたうえで、「それでもなんとかうまくやっていける」という妥協点を探る過程が、進化の本質なのかもしれない。

（出典　郡司芽久《ぐんじめぐ》「キリンのひづめ、ヒトの指」）

（注）　コミカル――滑稽なさま。
ネガティブ――否定的。対義語の「ポジティブ」は肯定的という意味。
ニュアンス――語句・表現などの微妙な意味合い。
ジャッジする――判定する。
メリット――利点。対義語の「デメリット」は欠点という意味。

(1)　ⓐ、ⓔにそれぞれ入れることばの組み合わせとして最も適当なのは、ア～エのうちではどれですか。一つ答えなさい。

ア　ⓐ　ところが　ⓔ　そもそも
イ　ⓐ　そのうえ　ⓔ　むしろ
ウ　ⓐ　また　ⓔ　実際に
エ　ⓐ　しかし　ⓔ　つまり

(2) ⓑ「洗濯物を干すかのようだ」とありますが、この部分で使われている表現技法として最も適当なのは、**ア**～**エ**のうちではどれですか。一つ答えなさい。

ア 対句法　**イ** 倒置法　**ウ** 直喩法　**エ** 隠喩法

(3) ⓒ「なんだか……思ってしまう」とありますが、ペンギンとウの仲間の羽の違いについて整理した次の表の X 、 Y に入れるのに適当なことばを、文章中からそれぞれ四字で抜き出して書きなさい。

	撥水能力	X	潜水の代償
ペンギンの羽	高い	空気を含む層が多いので高い	
ウの仲間の羽	低い	空気を含む層が少ないので低い	Y のが難しくなる

(4) ⓓ「コミカルに……気がしてくる」とありますが、筆者がこのように感じる理由を説明したものとして最も適当なのは、**ア**～**エ**のうちではどれですか。一つ答えなさい。

ア 羽を乾かすことは潜水性の鳥類としての理想的な進化を遂げた代償だとわかり、ウは退化したという誤った認識を改めたから。

イ 水を吸いやすい羽にはデメリットだけでなくメリットもあるとわかり、ウの立ち姿を別の視点から見られるようになったから。

ウ 潜水しやすくなる代償として羽を乾燥させることが必要であるとわかり、何度も見ているうちにウの格好良さに気づいたから。

エ ウの羽の性能はペンギンのものよりも優れているのだとわかり、ウの立ち姿が自分の羽を誇示しているかのように見えたから。

(5) この文章で述べられた、筆者の考える「進化」について説明した次の文の ☐ に入れるのに適当なことばを、四十字以内で書きなさい。

進化は、世代を超えて起きた身体構造の変化であり、生物が ☐ ことによって起こるものである。

(6) この文章の構成と内容の特徴について説明したものとして最も適当なのは、**ア**～**エ**のうちではどれですか。一つ答えなさい。

ア 進化について、近年の研究論文の内容を示しながら論を展開しているため、筆者の主観や感想を排除した客観的な説明になっている。

イ 生物の進化と退化について対比的に説明することにより、両者の違いを明確にして、進化によって得られるメリットを強調している。

ウ 生物の進化の仕組みについて段階的に説明することで、高度な進化を遂げた生物にどのような特徴が見られるかを明らかにしている。

エ 論を補強するために複数の具体例を効果的に用いて、進化に対する一般的なイメージとは異なる筆者の主張に説得力をもたせている。

4　図書委員の花子さんは、「図書室だより」に掲載する記事を先生に見てもらっています。次の【会話】を読んで、(1)～(3)に答えなさい。

【会話】

先生　前回作成した記事（【資料Ⅰ】）と比べて、今回作成した記事（【資料Ⅱ】）はずいぶんよくなりましたね。ⓐ引用の仕方について指摘したこともすべて修正されていますよ。

花子　本当ですか。一生懸命書き直したのでうれしいです。

先生　引用については、著作権法でも規定されていますからね。そのため、ⓑ著作物を使用する際には気をつける必要があります。

花子　著作権法は著作者の権利を守るためにあるんですよね？　それなのに、どうして図書室では無償で本を貸し出すことができるんですか？

先生　いい質問ですね。実は、著作権法の目的は、文化を発展させることにあるんです。

花子　つまり、ⓒ図書室が無償で本を貸し出すことはその目的の達成につながっている、ということですか？

先生　そのとおりです。著作権法についてまとめた資料（【資料Ⅲ】）があるので、これを見ながら一緒に考えてみましょう。

花子　はい。お願いします。

(1)　ⓐ「引用の仕方について指摘したこと」とありますが、先生が花子さんに指摘したこととして最も適当なのは、**ア**～**エ**のうちではどれですか。一つ答えなさい。

ア　文章の半分以上を引用が占めており、引用した内容と主張は関連していないこと。

イ　引用部分にかぎかっこがなく、引用した内容を自分の考えに生かしていないこと。

ウ　出典について明確に示しておらず、文章の半分以上が引用になっていること。

エ　出典が何かを書いておらず、引用部分にかぎかっこが付けられていないこと。

【資料Ⅰ】花子さんが前回作成した記事

図書室だより　1月号

今年はうさぎ年ですね。スポーツ選手の井沢冬子さんは、その著書で「私の人生には、数多くの困難が待ち構えていた。何度もくじけそうになったが、いつも私に力をくれたのは、大きく高く跳躍するうさぎの姿だった。大好きなうさぎの跳ねる姿をイメージして挑戦すれば、どんな困難も乗り越えられた」と書いていました。みなさんも目標を立てて挑戦し、跳躍の1年にしませんか。

【資料Ⅱ】花子さんが今回作成した記事

図書室だより　1月号

今年はうさぎ年ですね。うさぎはただかわいいだけでなく、跳躍力が優れていて、「大好きなうさぎの跳ねる姿をイメージして挑戦すれば、どんな困難も乗り越えられた」（井沢冬子『私とテニス』桜木出版、2022年、37ページ）というスポーツ選手もいます。

今年、私は本を100冊読むことに挑戦しようと思っています。みなさんも目標を立てて挑戦し、跳躍の1年にしませんか。

(2) ⓑ「著作物」とありますが、【資料Ⅲ】からわかる著作物として**適当でない**のは、ア～エのうちではどれですか。一つ答えなさい。

ア 友達が描いたイラスト　**イ** 日本の総面積のデータ　**ウ** 環境問題についてのレポート　**エ** 授業で作った楽曲

(3) ⓒ「図書室が……つながっている」とありますが、これについて、あなたの考えを**条件**に従って八十字以上百字以内で書きなさい。

条件
1 二文で書き、一文目には、「図書室が無償で本を貸し出すこと」について、著作者または利用者にどのようなメリットがあると考えられるかを、解答欄の書き出しに続けて書くこと。
2 二文目には、一文目で書いたことが、【資料Ⅲ】にある著作権法の目的の達成にどのようにつながるか、わかるように書くこと。

【資料Ⅲ】先生が著作権法についてまとめた資料

著作権法について

第１条（目的）
　著作物並びに実演、レコード、放送及び有線放送に関し著作者の権利及びこれに隣接する権利を定め、これらの文化的所産の公正な利用に留意しつつ、著作者等の権利の保護を図り、もつて文化の発展に寄与することを目的とする。

　つまり、著作権法は「文化の発展に貢献する」ことを目的としており、その達成のために著作者の財産的利益や精神的利益に関する権利を保護したり、著作者以外にはルールの範囲内で著作物を利用できる権利を与えたりしているということです。
　ここでいう「文化の発展」とは、「著作物が豊富化・多様化すること」（中山信弘《なかやまのぶひろ》『著作権法　第３版』有斐《ゆうひ》閣《かく》、2020年、26ページ）を指しています。

第２条（定義）
一　思想又は感情を創作的に表現したものであつて、文芸、学術、美術又は音楽の範囲に属するものをいう。

　この定義から、著作物とは
　①「思想又は感情」に関するもの
　②「創作的」なもの
　③「表現した」もの
　④「文芸、学術、美術又は音楽の範囲」に属するもの
という４つの要件すべてを満たすものだといえます。

（文化庁「著作権テキスト－令和４年度版－」、中山信弘『著作権法　第３版』から作成）

3

(6)	(5)	(4)	(3) Y	(3) X	(2)	(1)

4

(3)	(2)	(1)
図書室が無償で本を貸し出せば、 80		

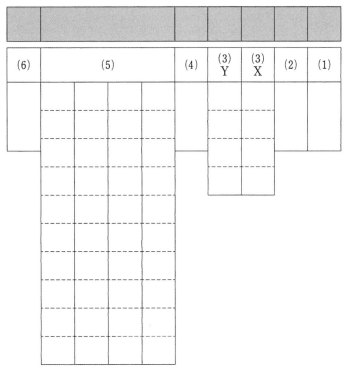